Impressum
Verlag: BABADADA GmbH, Nedderfeld 112 , 22529 Hamburg
Geschäftsführer / Verlagsleitung: Harald Hof
Druck: Books on Demand GmbH, In de Tarpen 42, 22848 Norderstedt

Imprint
Publisher: BABADADA GmbH, Nedderfeld 112 , 22529 Hamburg, Germany
Managing Director / Publishing direction: Harald Hof
Print: Books on Demand GmbH, In de Tarpen 42, 22848 Norderstedt, Germany

Schule

مدرسه

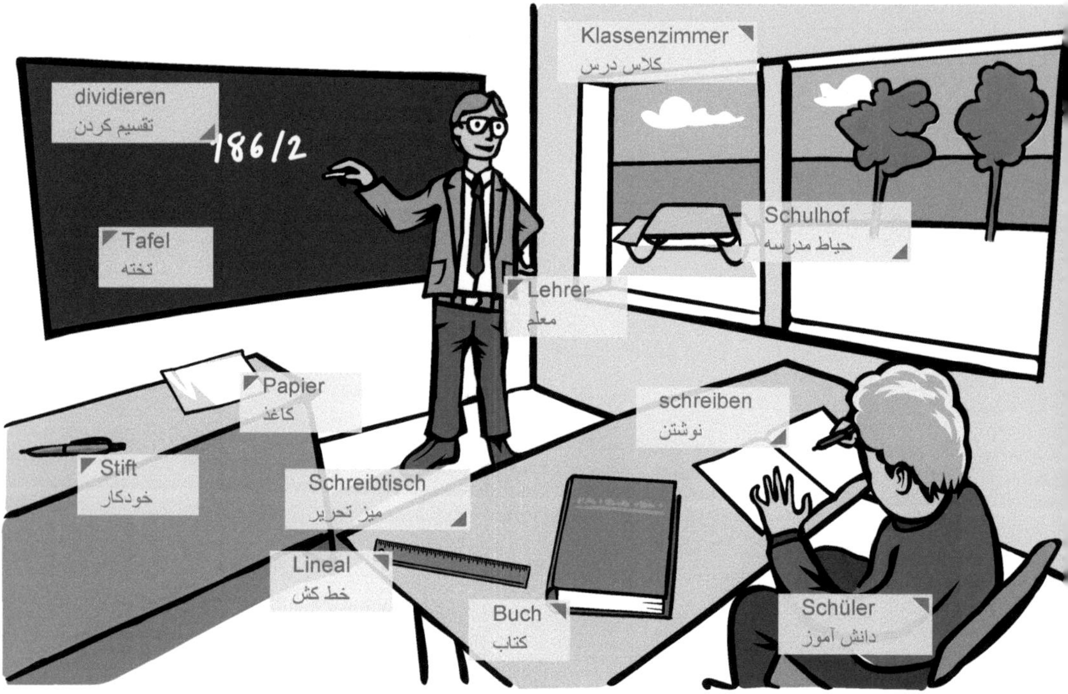

Klassenzimmer
کلاس درس
dividieren
تقسیم کردن
186/2
Tafel
تخته
Schulhof
حیاط مدرسه
Lehrer
معلم
Papier
کاغذ
schreiben
نوشتن
Stift
خودکار
Schreibtisch
میز تحریر
Lineal
خط کش
Buch
کتاب
Schüler
دانش آموز

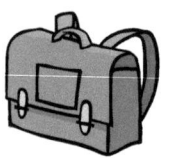

Ranzen
کیف مدرسه

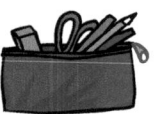

Federmappe
جامدادی

Bleistift
مداد

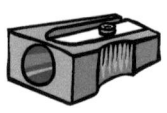

Bleistiftanspitzer
تراش

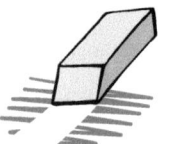

Radiergummi
پاک کن

Zeichenblock
دفتر رسم

Zeichnung

طراحی

Pinsel

قلم مو

Malkasten

جعبه ی آبرنگ

Schere

قیچی

Klebstoff

چسب

Übungsheft

کتاب تمرین

Hausaufgabe

تکلیف خانه

12

Zahl

رقم

2+2

addieren

جمع کردن

5-2

subtrahieren

تفریق کردن

2×2

multiplizieren

ضرب کردن

rechnen

محاسبه کردن

A

Buchstabe

حرف الفبا

ABCDEFG
HIJKLMN
OPQRSTU
VWXYZ

Alphabet

الفبا

hello

Wort

کلمه

Text

متن

lesen

خواندن

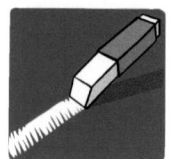

Kreide

گچ

Stunde

درس

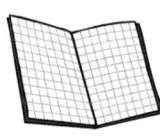

Klassenbuch

ثبت نام

Prüfung

امتحان

Zeugnis

مدرک رسمی

Schuluniform

لباس مدرسه

Ausbildung

تحصیلات

Lexikon

دانشنامه

Universität

دانشگاه

Mikroskop

میکروسکوپ

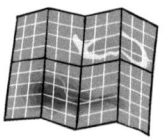

Karte

نقشه

Papierkorb

سبد کاغذ باطله

Hotel
هتل

Grand

Herberge
مسافرخانه

ROOMS

Wechselstube
صرافی

EXCHANGE

Koffer
چمدان

Auto
اتومبیل

Sprache

زبان

ja / nein

بله / خیر

Okay

اکی

Hallo

سلام

Übersetzer

مترجم

Danke

ممنون

Was kostet...?

قیمت ... چه قدر است؟

Ich verstehe nicht

من متوجه نمی شوم

Problem

مشکل

Guten Abend!

عصر بخیر! / شب بخیر!

Guten Morgen!

صبح بخیر!

Gute Nacht!

شب بخیر!

Auf Wiedersehen

خداحافظ

Richtung

جهت

Gepäck

بار سفر

Tasche

کیف

Rucksack

کوله پشتی

Gast

مهمان

Zimmer

اتاق

Schlafsack

کیسه خواب

Zelt

خیمه

Touristeninformation

مرکز راهنمای گردشگران

Strand

ساحل

Kreditkarte

کارت اعتباری

Frühstück

صبحانه

Mittagessen

نهار

Abendessen

شام

Fahrkarte

بلیط

Fahrstuhl

آسانسور

Briefmarke

مهر

Grenze

مرز

Zoll

گمرک

Botschaft

سفارتخانه

Visum

ویزا

Pass

گذرنامه

Transport
حمل و نقل

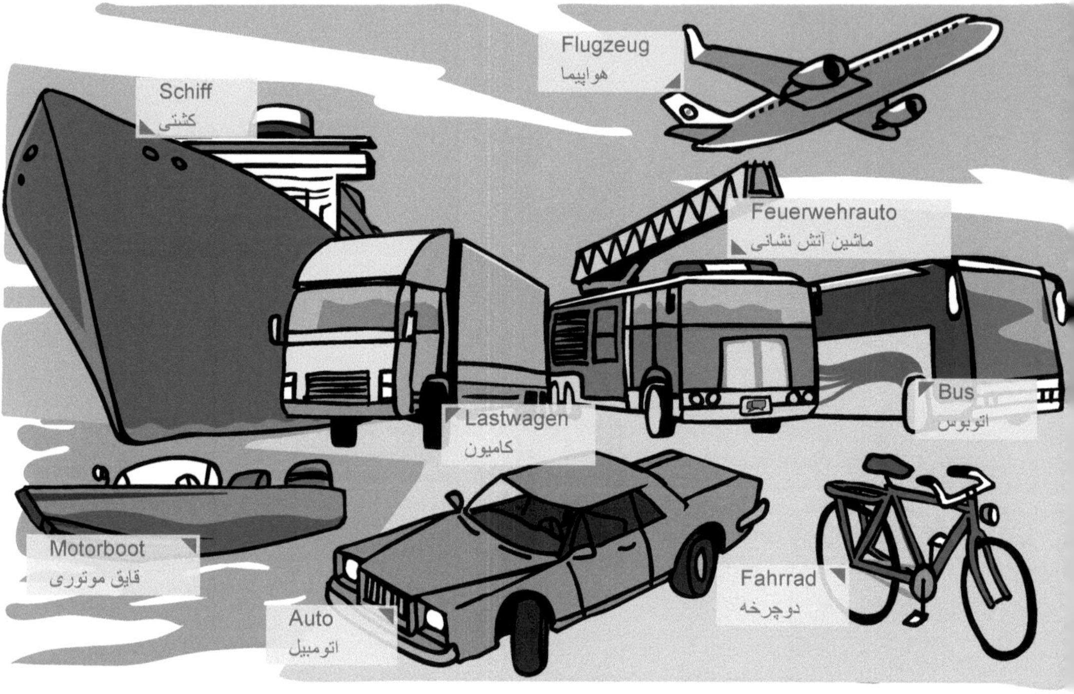
Flugzeug
هواپیما
Schiff
کشتی
Feuerwehrauto
ماشین آتش نشانی
Bus
اتوبوس
Lastwagen
کامیون
Motorboot
قایق موتوری
Fahrrad
دوچرخه
Auto
اتومبیل

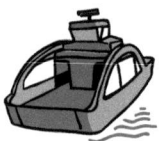

Fähre
کشتی مسافربری

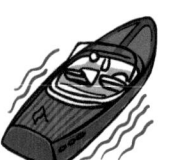

Boot
قایق

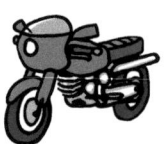

Motorrad
موتورسیکلت

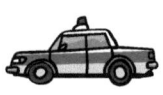

Polizeiauto
ماشین پلیس

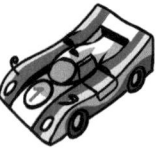

Rennauto
ماشین مسابقه

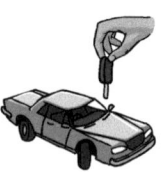

Mietwagen
ماشین کرایه ای

Carsharing

به اشتراک گذاری اتومبیل

Abschleppwagen

جرثقیل

Müllauto

ماشین حمل زباله

Motor

موتور

Kraftstoff

بنزین

Tankstelle

پمپ بنزین

Verkehrsschild

تابلو راهنمایی و رانندگی

Verkehr

عبور و مرور

Stau

ترافیک

Parkplatz

پارکینگ

Bahnhof

ایستگاه قطار

Schienen

ریل راه آهن

Zug

قطار

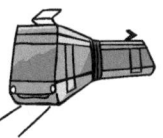

Straßenbahn

قطار برقی

Wagon

واگن

Helikopter

هلیکوپتر

Flughafen

فرودگاه

Tower

برج

Passagier

مسافر

Container

کانتینر

Karton

کارتن

Karren

گاری

Korb

سبد

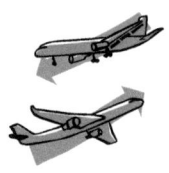

starten / landen

به پرواز درآمدن / فرود آمدن

Stadt

شهر

Dorf

دهکده

Stadtzentrum

مرکز شهر

Haus

خانه

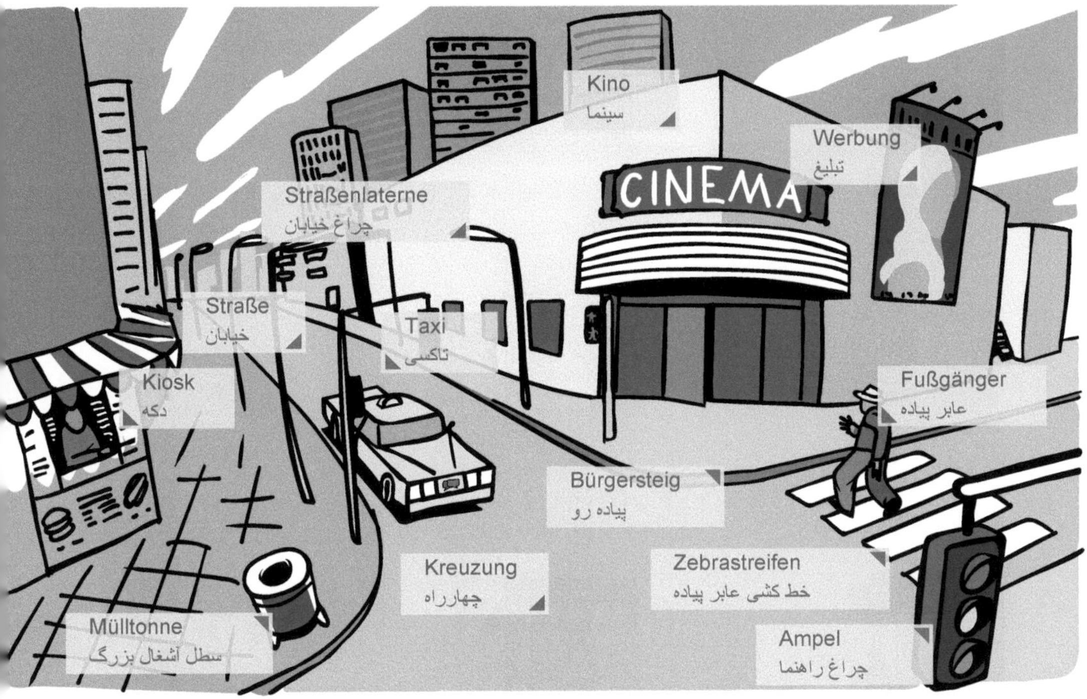

Kino
سینما

Werbung
تبلیغ

Straßenlaterne
چراغ خیابان

Straße
خیابان

Taxi
تاکسی

CINEMA

Kiosk
دکه

Fußgänger
عابر پیاده

Bürgersteig
پیاده رو

Kreuzung
چهارراه

Zebrastreifen
خط کشی عابر پیاده

Müiltonne
سطل آشغال بزرگ

Ampel
چراغ راهنما

Hütte
....
کلبه

Wohnung
....
آپارتمان

Bahnhof
....
ایستگاه قطار

Rathaus
....
ساختمان شهرداری

Museum
....
موزه

Schule
....
مدرسه

Universität

دانشگاه

Bank

بانک

Krankenhaus

بیمارستان

Hotel

هتل

Apotheke

داروخانه

Büro

اداره

Buchhandlung

کتابفروشی

Geschäft

مغازه

Blumenladen

گل فروشی

Supermarkt

سوپرمارکت

Markt

بازار

Kaufhaus

فروشگاه بزرگ

Fischhändler

ماهی فروش

Einkaufszentrum

مرکز خرید

Hafen

بندر

Park

پارک

Bank

نیمکت

Brücke

پل

Treppe

پله

U-Bahn

مترو

Tunnel

تونل

Bushaltestelle

ایستگاه اتوبوس

Bar

میخانه

Restaurant

رستوران

Briefkasten

صندوق پست

Straßenschild

تابلوی خیابان

Parkuhr

دستگاه پارکومتر

Zoo

باغ وحش

Badeanstalt

استخر شنای عمومی

Moschee

مسجد

Bauernhof

مزرعه

Umweltverschmutzung

آلودگی محیط زیست

Friedhof

قبرستان

Kirche

کلیسا

Spielplatz

زمین بازی

Tempel

معبد

Landschaft

چشم انداز

Blatt برگ

Wegweiser تابلوی راهنمای مسیر

Weg راه

Wiese چمنزار

Stein سنگ

Baum درخت

Wanderer راه نورد

Fluss رودخانه

Gras چمن

Blume گل

Tal

درّه

Berg

تپه

See

دریاچه

Wald

جنگل

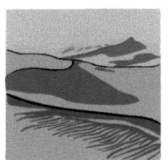

Wüste

بیابان

Vulkan

کوه آتشفشان

Schloss

قلعه

Regenbogen

رنگین کمان

Pilz

قارچ

Palme

درخت نخل

Moskito

پشه

Fliege

مگس

Ameise

مورچه

Biene

زنبور

Spinne

عنکبوت

Käfer

سوسک

Frosch

قورباغه

Eichhörnchen

سنجاب

Igel

جوجه تیغی

Hase

خرگوش صحرایی

Eule

جغد

Vogel

پرنده

Schwan

قو

Wildschwein

گراز

Hirsch

گوزن نر

Elch

گوزن شمالی

Staudamm

سد آب

Windrad

توربین بادی

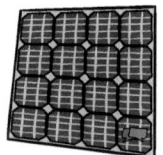

Solarmodul

صفحه ی خورشیدی

Klima

آب و هوا

Restaurant
رستوران

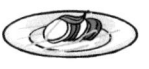

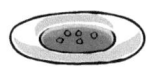

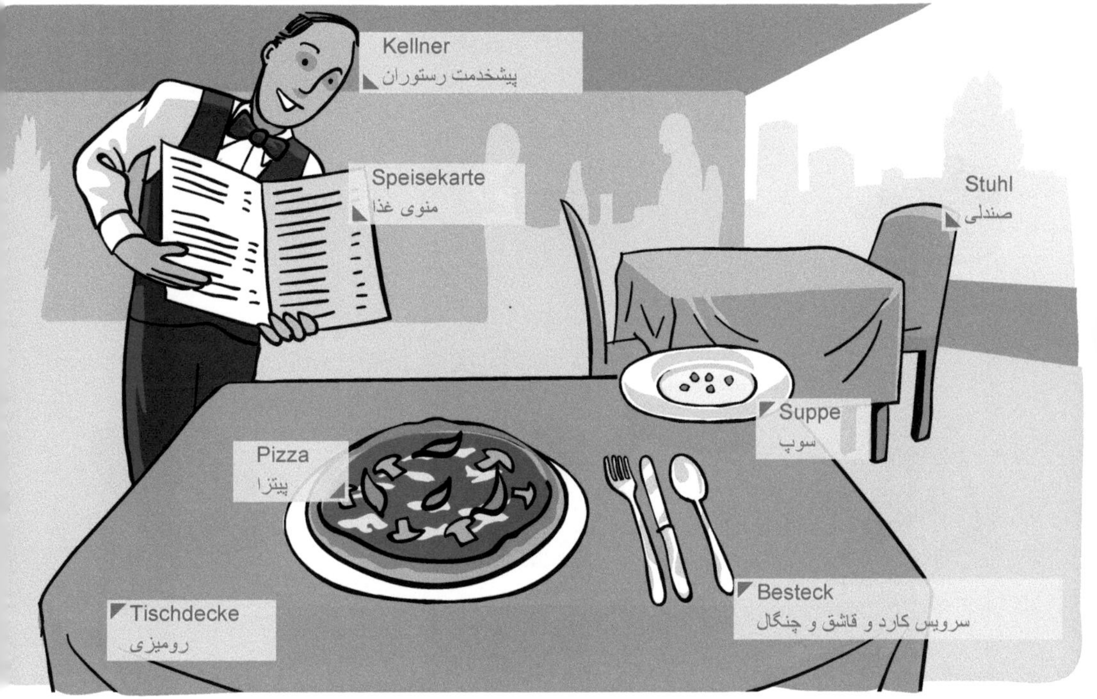
Kellner
پیشخدمت رستوران
Speisekarte
منوی غذا
Stuhl
صندلی
Suppe
سوپ
Pizza
پیتزا
Besteck
سرویس کارد و قاشق و چنگال
Tischdecke
رومیزی

Vorspeise

پیش‌غذا

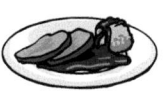

Hauptgericht

غذای اصلی

Nachspeise

دسر

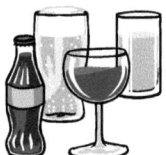

Getränke

نوشیدنی ها

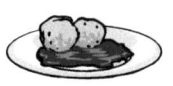

Essen

غذا

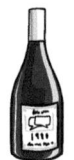

Flasche

بطری

Fastfood

فست فود

Streetfood

اغذیه خیابانی

Teekanne

قوری

Zuckerdose

قندان

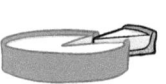

Portion

پُرس غذا

Espressomaschine

دستگاه اسپرسو

Hochstuhl

صندلی پایه بلند غذاخوری بچه

Rechnung

صورتحساب

Tablett

سینی

Messer

چاقو

Gabel

چنگال

Löffel

قاشق

Teelöffel

قاشق چایخوری

Serviette

دستمال سفره

Glas

لیوان

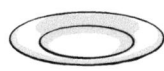

Teller

بشقاب

Suppenteller

بشقاب سوپخوری

Untertasse

نعلبکی

Sauce

سس

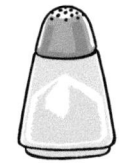

Salzstreuer

نمکدان

Pfeffermühle

فلفل ساب

Essig

سرکه

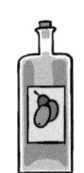

Öl

روغن خوراکی

Gewürze

ادویه جات

Ketchup

سس کچاپ

Senf

سس خردل

Mayonnaise

سس مایونز

Supermarkt
سوپرمارکت

Angebot
پیشنهاد ویژه
FOR
Kunde
مشتری
Milchprodukte
لبنیات
Obst
میوه جات
Einkaufswagen
چرخ دستی خرید

BUTCHERS

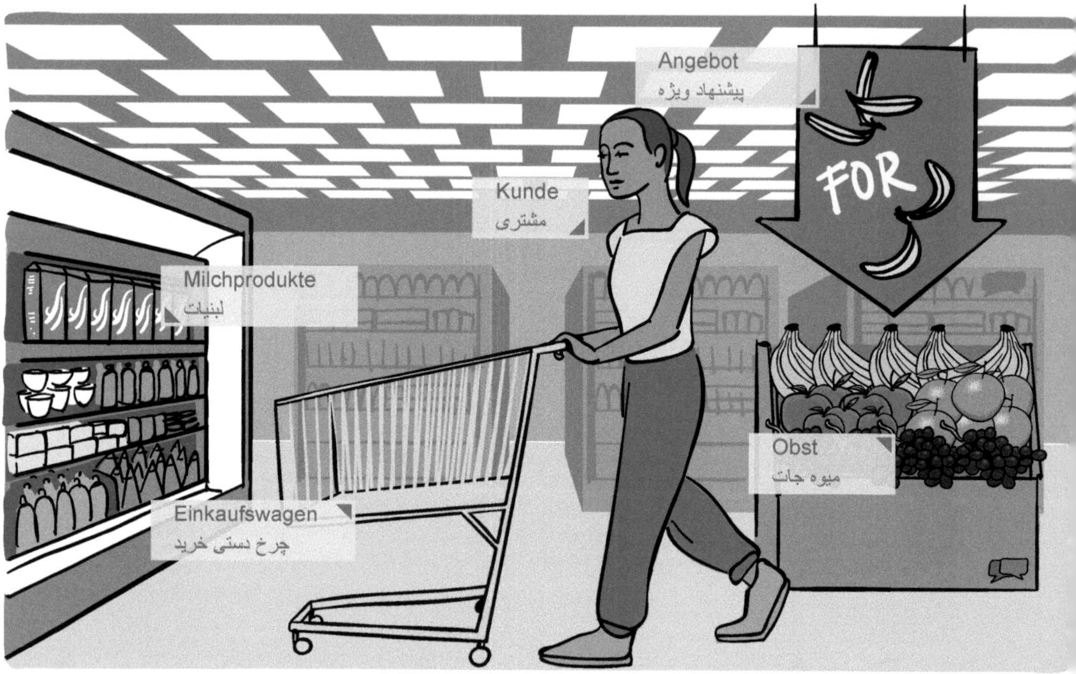

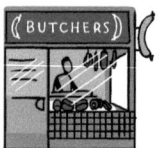

Schlachterei
قصابی

BAKERY

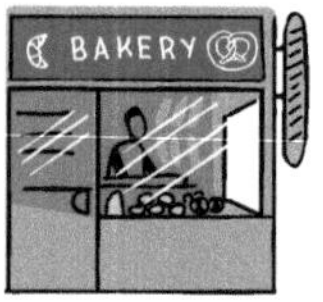

Bäckerei
نانوایی

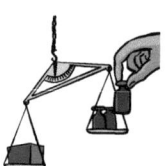

wiegen
وزن کردن

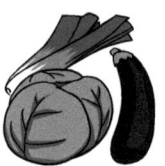

Gemüse
سبزیجات

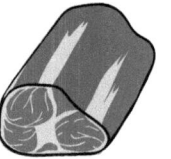

Fleisch
گوشت

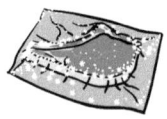

Tiefkühlkost
غذای منجمد

Aufschnitt

مخلوطی از انواع کالباس یا پنیر که ورقه ای بریده شده باشند

Konserven

غذای کنسروی

Waschmittel

پودر لباسشویی

Süßigkeiten

شیرینی جات

Haushaltsartikel

لوازم خانگی

Reinigungsmittel

ماده شوینده و پاک کننده

Verkäuferin

فروشنده

Kasse

صندوق پرداخت

Kassierer

صندوقدار

Einkaufsliste

لیست خرید

Öffnungszeiten

ساعات کار

Brieftasche

کیف پول

Kreditkarte

کارت اعتباری

Tasche

کیف

Plastiktüte

کیسه ی پلاستیکی

Wasser

آب

Saft

آبمیوه

Milch

شیر

Cola

نوشابه کوکاکولا

Wein

شراب

Bier

آبجو

Alkohol

الکل

Kakao

کاکائو

Tee

چای

Kaffee

قهوه

Espresso

قهوه اسپرسو

Cappuccino

کاپوچینو

Banane

موز

Apfel

سیب

Orange

پرتقال

Melone

انواع هندوانه و خربزه

Zitrone

لیمو

Karotte

هویج

Knoblauch

سیر

Bambus

نی بامبو

Zwiebel

پیاز

Pilz

قارچ

Nüsse

آجیل

Nudeln

ماکارونی

Spaghetti

اسپاگتی

Reis

برنج

Salat

سالاد

Pommes frites

سیب زمینی سرخ کرده

Bratkartoffeln

سیب زمینی سرخ شده

Pizza

پیتزا

Hamburger

همبرگر

Sandwich

ساندویچ

Schnitzel

شنیتسل

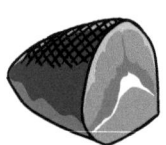

Schinken

ژامبون خوک

Salami

سالامی

Wurst

سوسیس

Huhn

مرغ

Braten

نوعی گوشت سرخ شده

Fisch

ماهی

Haferflocken

جوی پرک شده

Müsli

نوعی صبحانه مخلوطی از برگه ذرت و
میوه های خشک شده و خشکبار که
معمولا با شیر خورده می شود

Cornflakes

کورنفلکس

Mehl

آرد

Croissant

کرواسان

Brötchen

نان بروتشن

Brot

نان

Toast

نان تست

Kekse

بیسکویت

Butter

گره

Quark

کشک

Kuchen

کیک

Ei

تخم مرغ

Spiegelei

تخم مرغ نیمرو

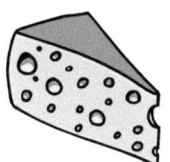

Käse

پنیر

Eiscreme

بستنی

Zucker

شکر

Honig

عسل

Marmelade

مربا

Nougat-Creme

کرم شکلاتی بادامی

Curry

ادویه کاری

Bauernhof
مزرعه

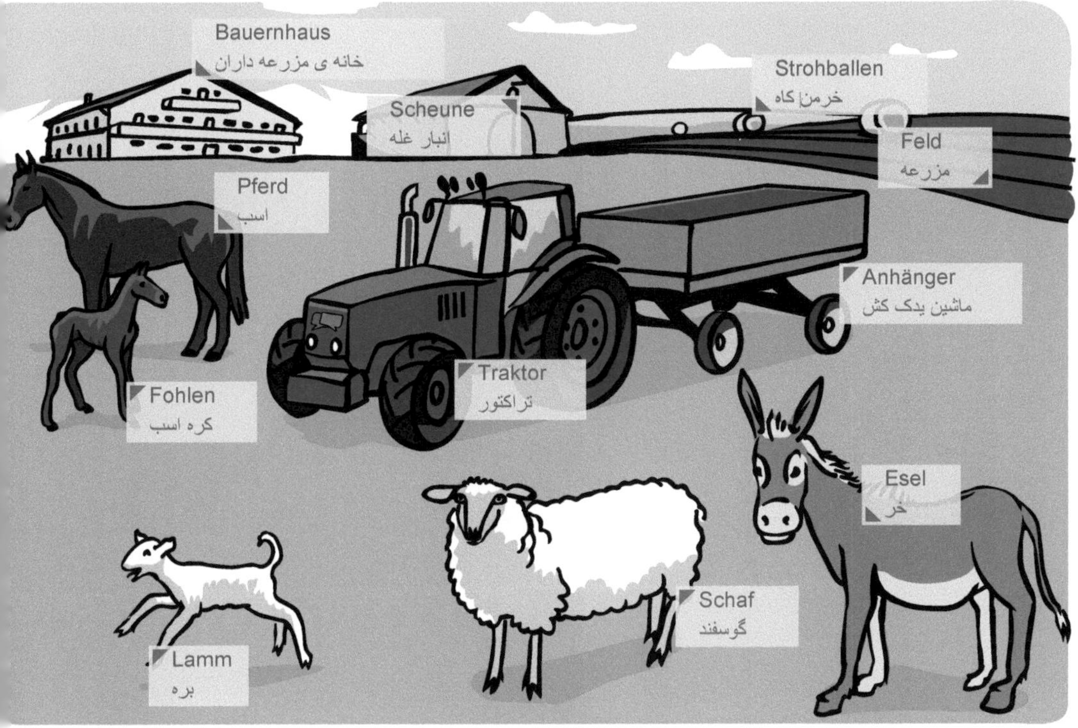

Bauernhaus
خانه ی مزرعه داران
Strohballen
خرمن‌گاه
Scheune
انبار غله
Feld
مزرعه
Pferd
اسب
Anhänger
ماشین یدک کش
Traktor
تراکتور
Fohlen
کره اسب
Esel
خر
Schaf
گوسفند
Lamm
بره

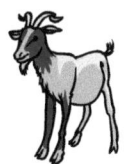

Ziege
....
بز

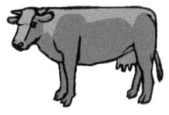

Kuh
....
گاو ماده

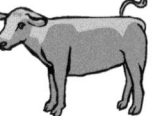

Kalb
....
گوساله

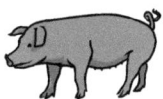

Schwein
....
خوک

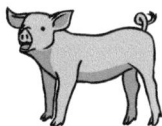

Ferkel
....
بچه خوک

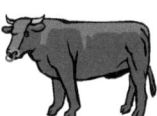

Bulle
....
گاو نر

Gans

غاز

Ente

اردک

Küken

جوجه

Huhn

مرغ

Hahn

خروس

Ratte

موش صحرایی

Katze

گربه

Maus

موش

Ochse

گاو نر اخته

Hund

سگ

Hundehütte

لانه ی سگ

Gartenschlauch

شلنگ باغبانی

Gießkanne

آبپاش

Sense

داس دسته بلند

Pflug

گاوآهن

Sichel

داس

Hacke

کج بیل

Mistgabel

چنگک باغبانی

Axt

تبر

Schubkarre

فرقون

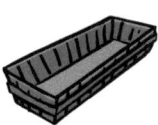

Trog

آبشخور

Milchkanne

بطری نگهداری شیر

Sack

کیسه

Zaun

حصار

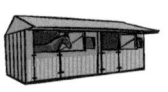

Stall

اصطبل

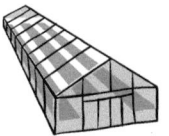

Treibhaus

گلخانه

Boden

خاک

Saat

بذر

Dünger

کود

Mähdrescher

ماشین کمباین

ernten

برداشت کردن محصول

Ernte

محصول

Yamswurzel

تمیس

Weizen

گندم

Soja

سویا

Kartoffel

سیب زمینی

Mais

ذرت

Raps

کلزا

Obstbaum

درخت میوه

Maniok

گیاه مانیوک

Getreide

غلات

Haus
خانه

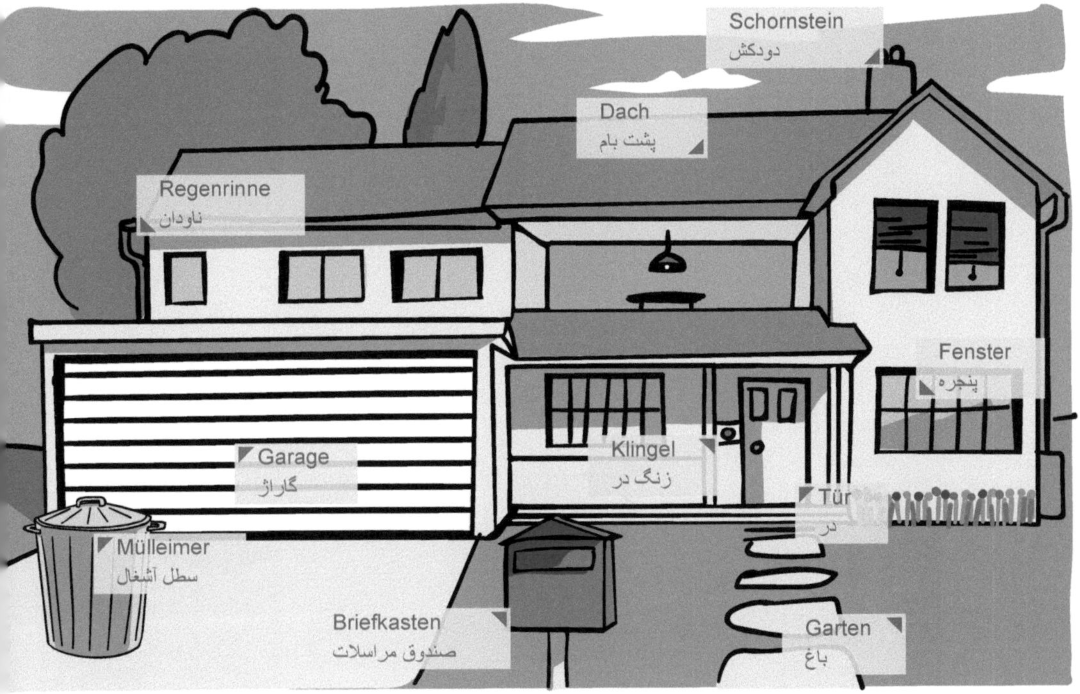

Schornstein
دودکش
Dach
پشت بام
Regenrinne
ناودان
Fenster
پنجره
Garage
گاراژ
Klingel
زنگ در
Tür
در
Mülleimer
سطل آشغال
Briefkasten
صندوق مراسلات
Garten
باغ

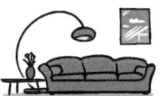

Wohnzimmer

اتاق نشیمن

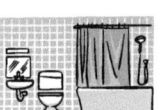

Badezimmer

حمام

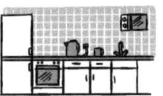

Küche

آشپزخانه

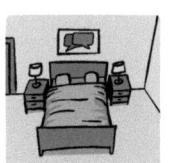

Schlafzimmer

اتاق خواب

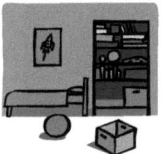

Kinderzimmer

اتاق بچه

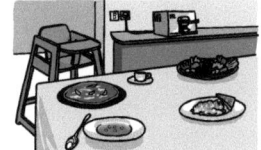

Esszimmer

ناهارخوری

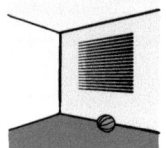

Boden

كف زمين

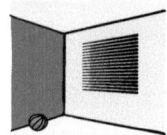

Wand

ديوار

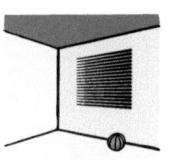

Decke

سقف

Keller

زيرزمين

Sauna

سونا

Balkon

بالکن

Terrasse

تراس

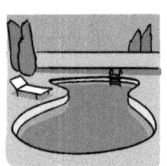

Schwimmbad

استخر

Rasenmäher

ماشين چمنزنی

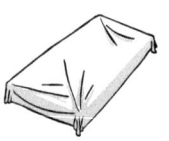

Bettbezug

ملافه

Bettdecke

روتختی

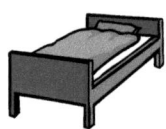

Bett

تخت خواب

Besen

جارو

Eimer

سطل

Schalter

سويچ يا كليد

Wohnzimmer

اتاق نشیمن

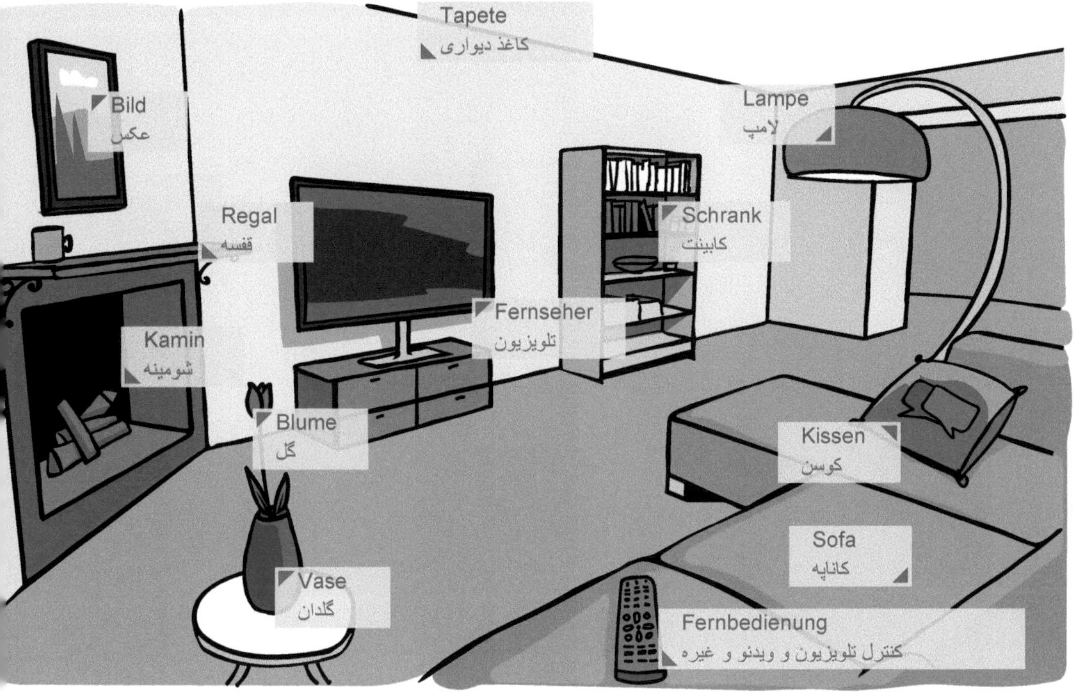
Tapete
کاغذ دیواری
Bild
عکس
Lampe
لامپ
Regal
قفسه
Schrank
کابینت
Fernseher
تلویزیون
Kamin
شومینه
Blume
گل
Kissen
کوسن
Sofa
کاناپه
Vase
گلدان
Fernbedienung
کنترل تلویزیون و ویدئو و غیره

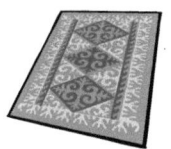

Teppich

فرش

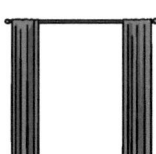

Vorhang

پرده

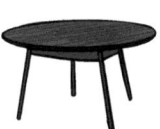

Tisch

میز

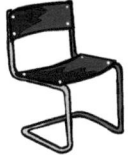

Stuhl

صندلی

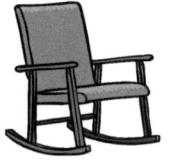

Schaukelstuhl

صندلی گهواره ایی

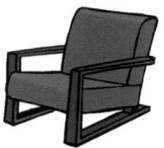

Sessel

صندلی راحتی

Buch

كتاب

Decke

لحاف

Dekoration

دكوراسيون

Feuerholz

هيزم

Film

فيلم

Stereoanlage

دستگاه ضبط صوت

Schlüssel

كليد

Zeitung

روزنامه

Gemälde

تابلو نقاشى

Poster

پوستر

Radio

راديو

Notizblock

دفترچه يادداشت

Staubsauger

جاروبرقى

Kaktus

كاكتوس

Kerze

شمع

Küche
آشپزخانه

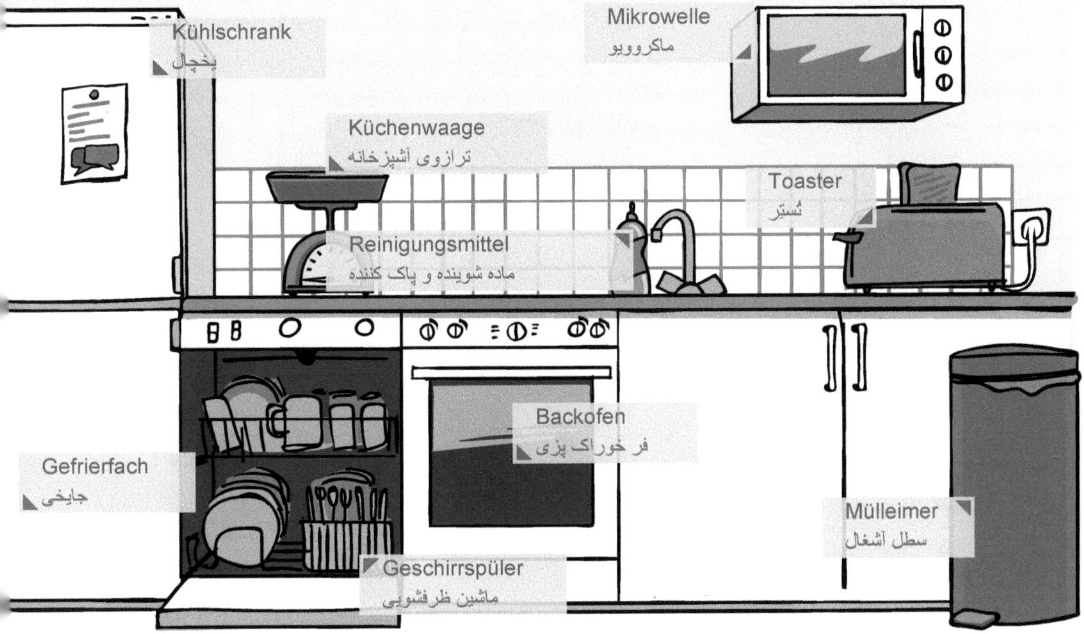
Kühlschrank
یخچال
Mikrowelle
ماکروویو
Küchenwaage
ترازوی آشپزخانه
Toaster
تُستر
Reinigungsmittel
ماده شوینده و پاک کننده
Backofen
فر خوراک پزی
Gefrierfach
جایخی
Mülleimer
سطل آشغال
Geschirrspüler
ماشین ظرفشویی

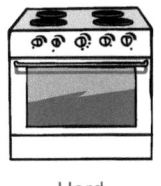

Herd

اجاق گاز

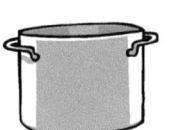

Topf

قابلمه

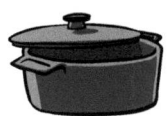

Eisentopf

قابلمه چدنی

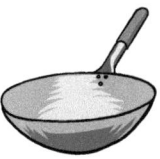

Wok / Kadai

ماهی تابه گود

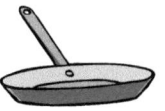

Pfanne

ماهی تابه

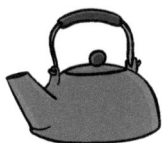

Wasserkocher

کتری

Dampfgarer

بخارپز

Backblech

سینی فر

Geschirr

ظرف چینی آشپزخانه

Becher

لیوان

Schale

کاسه

Essstäbchen

چاپستیک

Suppenkelle

ملاقه

Pfannenwender

کفگیر

Schneebesen

همزن

Kochsieb

آبکش

Sieb

آبکش

Reibe

رنده

Mörser

هاون

Grill

باربیکیو

Feuerstelle

محل مخصوص آفروختن آتش

Schneidebrett

تخته گوشت و سبزی

Nudelholz

وردنه

Korkenzieher

در بطری بازکن

Dose

قوطی

Dosenöffner

در قوطی بازکن

Topflappen

دستگیره پارچه ای

Waschbecken

سینک ظرفشویی

Bürste

برس گردگیری

Schwamm

اسفنج

Mixer

مخلوط کن

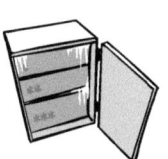

Gefriertruhe

فریزر

Babyflasche

شیشه شیر بچه

Wasserhahn

شیر آب

Badezimmer

حمام

Heizung
بخاری
Dusche
دوش
Handtuch
حوله
Duschvorhang
پرده ی حمام
Schaumbad
حمام کف
Badewanne
وان حمام
Glas
لیوان
Waschmaschine
ماشین لباسشویی
Wasserhahn
شیر آب
Fliesen
کاشی
Töpfchen
لگن دستشویی کودکان
Waschbecken
سینک ظرفشویی

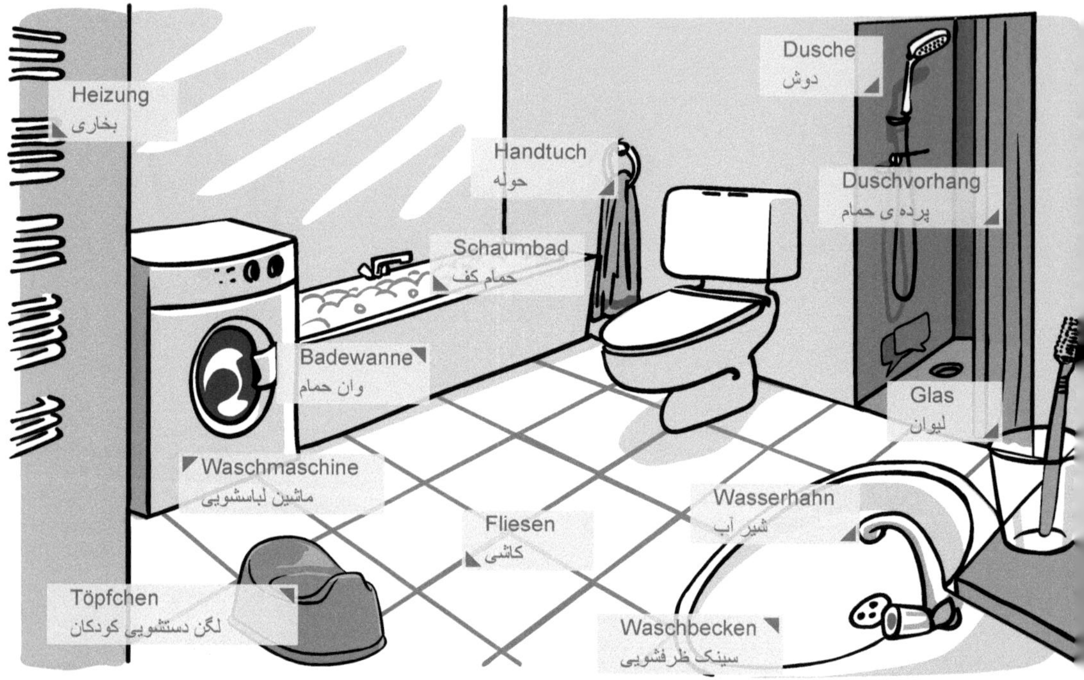

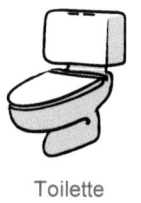

Toilette

توالت

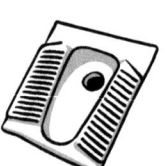

Hocktoilette

توالت ایرانی

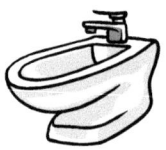

Bidet

کاسه توالت

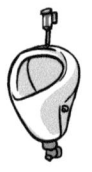

Pissoir

توالت مخصوص آقایان

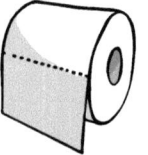

Toilettenpapier

دستمال توالت

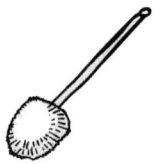

Toilettenbürste

فرچه توالت

Zahnbürste

مسواک

Zahnpasta

خمیردندان

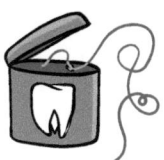

Zahnseide

نخ دندان

waschen

شستن

Handbrause

دوش آب تلفنی

Intimdusche

شلنگ توالت

Waschschüssel

لگن روشویی

Rückenbürste

برس شست و شوی پشت

Seife

صابون

Duschgel

شامپو بدن

Shampoo

شامپو

Waschlappen

لیف حمام

Abfluss

راه آب

Creme

کرم

Deodorant

اسپری دئودورانت

Spiegel

آیینه

Kosmetikspiegel

آیینه ی کوچک دستی

Rasierer

تیغ ریش تراشی

Rasierschaum

کف ریش‌تراشی

Rasierwasser

آفترشیو

Kamm

شانه ی سر

Bürste

برس

Föhn

سشوار

Haarspray

اسپری مو

Makeup

آرایش

Lippenstift

رژلب

Nagellack

لاک ناخن

Watte

پنبه

Nagelschere

قیچی ناخن

Parfum

عطر

Kulturbeutel

کیف لوازم آرایشی و بهداشتی

Hocker

چهارپایه

Waage

ترازو

Bademantel

حوله ی پالتویی

Gummihandschuhe

دستکش ظرفشویی

Tampon

تامپون

Damenbinde

نوار بهداشتی

Chemietoilette

توالت سیار

Kinderzimmer

اتاق بچه

Wecker
ساعت زنگدار
Kuscheltier
نوعی عروسک نرم به شکل حیوانات
Spielzeugauto
ماشین اسباب بازی
Rassel
جغجغه
Puppenhaus
خانه ی عروسکی
Geschenk
کادو

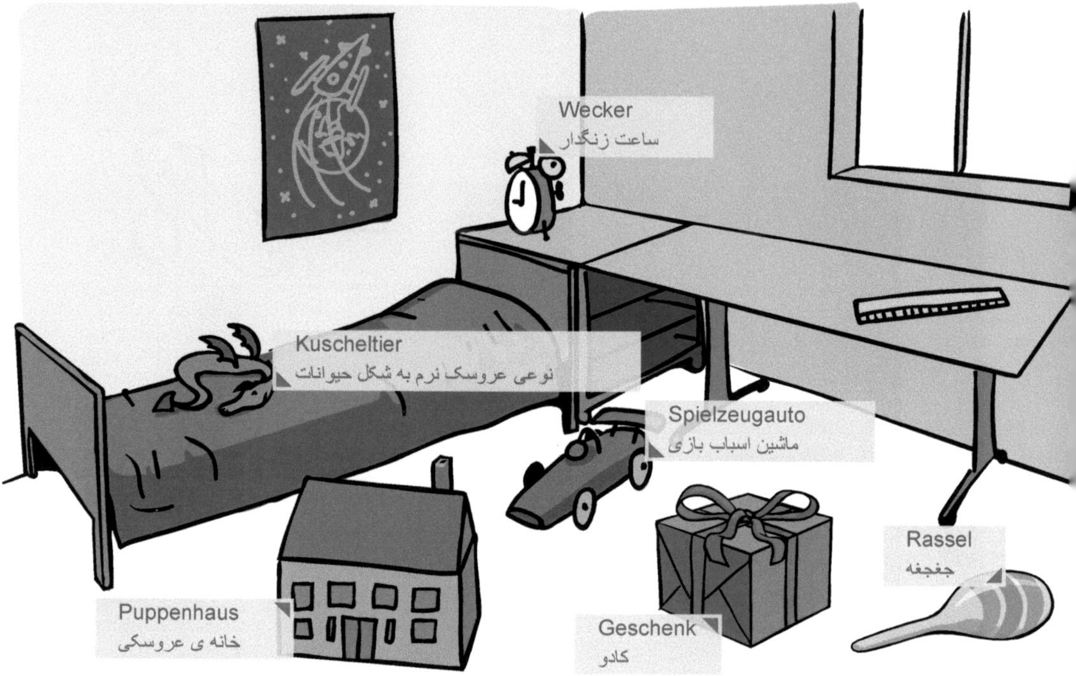

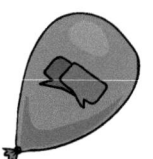

Ballon

بادکنک

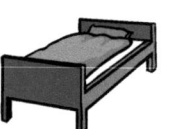

Bett

تخت خواب

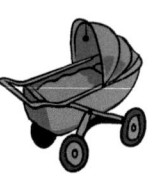

Kinderwagen

کالسکه بچه

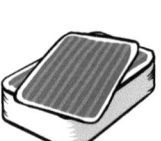

Kartenspiel

بازی ورق

Puzzle

پازل

SUPER MEGA

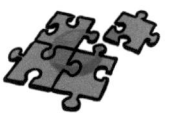

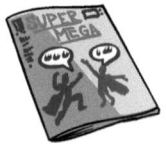

Comic

داستان مصور

Legosteine

اسباب بازی لگو

Bausteine

خانه سازی

Action Figur

عروسک شخصیت های فیلم و کارتون

Strampelanzug

لباس نوزاد

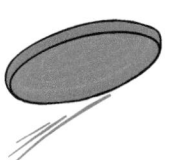

Frisbee

فریزبی

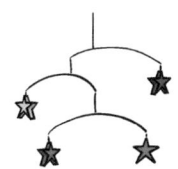

Mobile

نوعی اسباب بازی که روی تخت نوزاد
یا کودک نصب می شود

Brettspiel

بازی روی صفحه

Würfel

تاس

Modelleisenbahn

قطار اسباب بازی

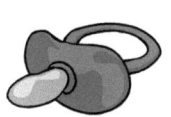

Schnuller

پستانک

Party

مهمانی

Bilderbuch

کتاب مصور

Ball

توپ

Puppe

عروسک

spielen

بازی کردن

Sandkasten

جعبه شنی مخصوص بازی کودکان

Schaukel

تاب

Spielzeug

اسباب بازی

Spielkonsole

کنسول بازی های کامپیوتری

Dreirad

سه چرخه

Teddy

خرس عروسکی

Kleiderschrank

کمد لباس

Kleidung

لباس

Socken

جوراب

Strümpfe

جوراب زنانه ساق بلند

Strumpfhose

جوراب شلواری

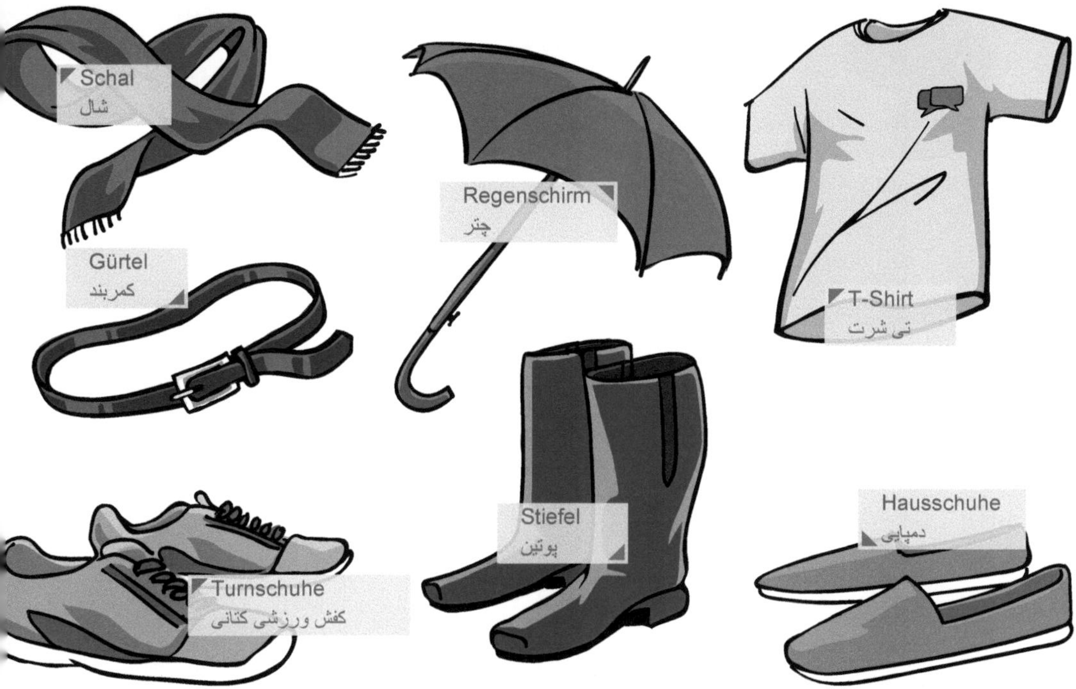

Schal
شال

Regenschirm
چتر

Gürtel
کمربند

T-Shirt
تی شرت

Turnschuhe
کفش ورزشی کتانی

Stiefel
پوتین

Hausschuhe
دمپایی

Sandalen
....
صندل

Schuhe
....
کفش

Gummistiefel
....
چکمه پلاستیکی

Unterhose
....
شرت

Büstenhalter
....
سوتین

Unterhemd
....
جلیقه

Body

بادی

Hose

شلوار

Jeans

جین

Rock

دامن

Bluse

بلوز

Hemd

پیراهن

Pullover

پولیور

Kapuzenpullover

سویی شرت

Blazer

نوعی کت

Jacke

ژاکت

Mantel

کت بلند

Regenmantel

بارانی

Kostüm

لباس نمایش

Kleid

لباس

Hochzeitskleid

لباس عروس

Anzug

کت و شلوار

Nachthemd

لباس خواب زنانه

Schlafanzug

پیژامه

Sari

ساری

Kopftuch

روسری

Turban

عمامه

Burka

برقع

Kaftan

قبا

Abaya

عبا

Badeanzug

لباس شنا

Badehose

شرت شنا

Kurze Hose

شلوارک

Trainingsanzug

لباس ورزشی

Schürze

پیشبند

Handschuhe

دستکش

Knopf

دکمه

Brille

عینک

Armband

دستبند

Halskette

گردنبند

Ring

انگشتر

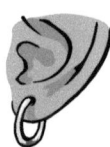

Ohrring

گوشواره

Mütze

کلاه لبه دار

Kleiderbügel

چوب لباسی

Hut

کلاه

Krawatte

کراوات

Reißverschluss

زیپ

Helm

کلاه ایمنی

Hosenträger

بند شلوار

Schuluniform

لباس مدرسه

Uniform

لباس فرم

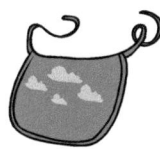

Lätzchen

پیش بند بچه

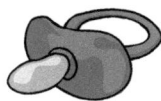

Schnuller

پستانک

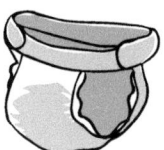

Windel

پوشک بچه

Büro

اداره

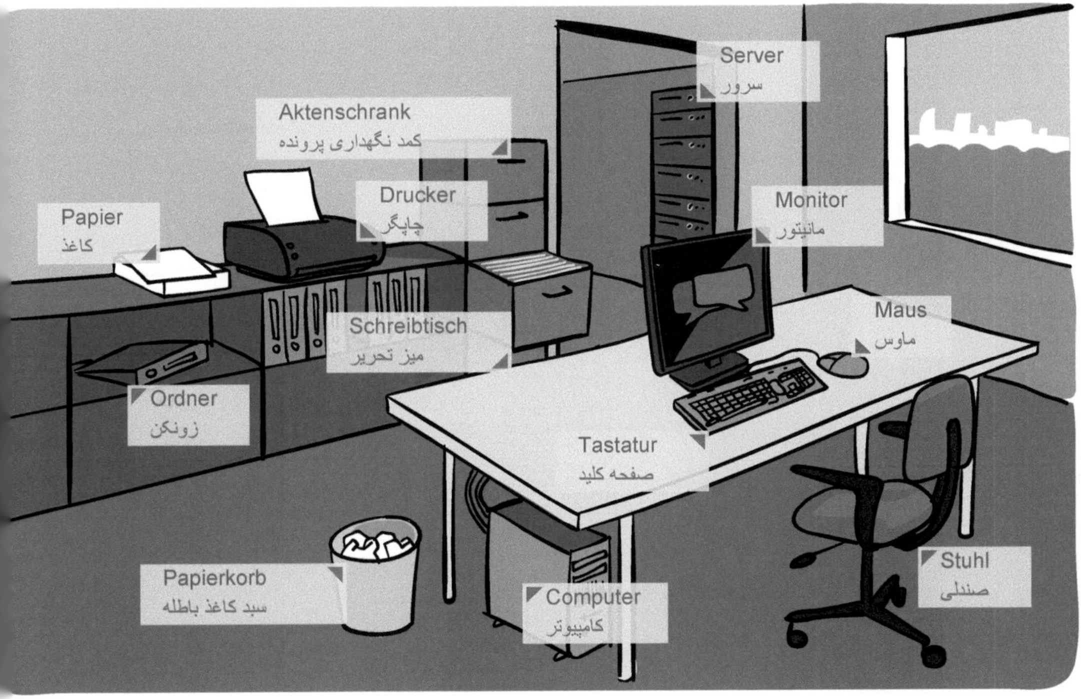

Server
سرور
Aktenschrank
کمد نگهداری پرونده
Drucker
چاپگر
Papier
کاغذ
Monitor
مانیتور
Maus
ماوس
Schreibtisch
میز تحریر
Ordner
زونکن
Tastatur
صفحه کلید
Papierkorb
سبد کاغذ باطله
Computer
کامپیوتر
Stuhl
صندلی

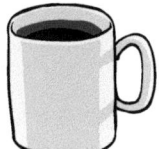

Kaffeebecher

لیوان قهوه

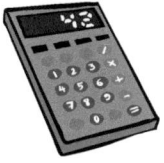

Taschenrechner

ماشین حساب

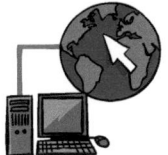

Internet

اینترنت

Laptop

لپ تاپ

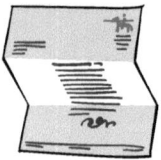

Brief

نامه

Nachricht

پیغام

Handy

تلفن همراه

Netzwerk

شبکه ی ارتباطی

Kopierer

دستگاه فتوکپی

Software

نرم افزار

Telefon

تلفن

Steckdose

پریز

Fax

دستگاه فاکس

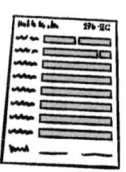

Formular

فرم

Dokument

مدرک

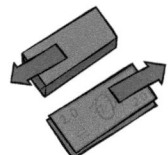

kaufen

خریدن

bezahlen

پرداخت کردن

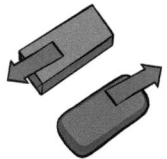

handeln

تجارت کردن

Geld

پول

Dollar

دلار

Euro

یورو

Yen

ین

Rubel

روبل

Franken

فرانک سوئیس

Renminbi Yuan

یوان رنمینبی

Rupie

روپیه

Geldautomat

دستگاه خودپرداز

Wechselstube

صرافی

Gold

طلا

Silber

نقره

Öl

نفت

Energie

انرژی

Preis

قیمت

Vertrag

قرارداد

Steuer

مالیات

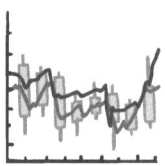

Aktie

سهام سرمایه

arbeiten

کار کردن

Angestellter

کارمند

Arbeitgeber

کارفرما

Fabrik

کارخانه

Geschäft

مغازه

Berufe
مشاغل

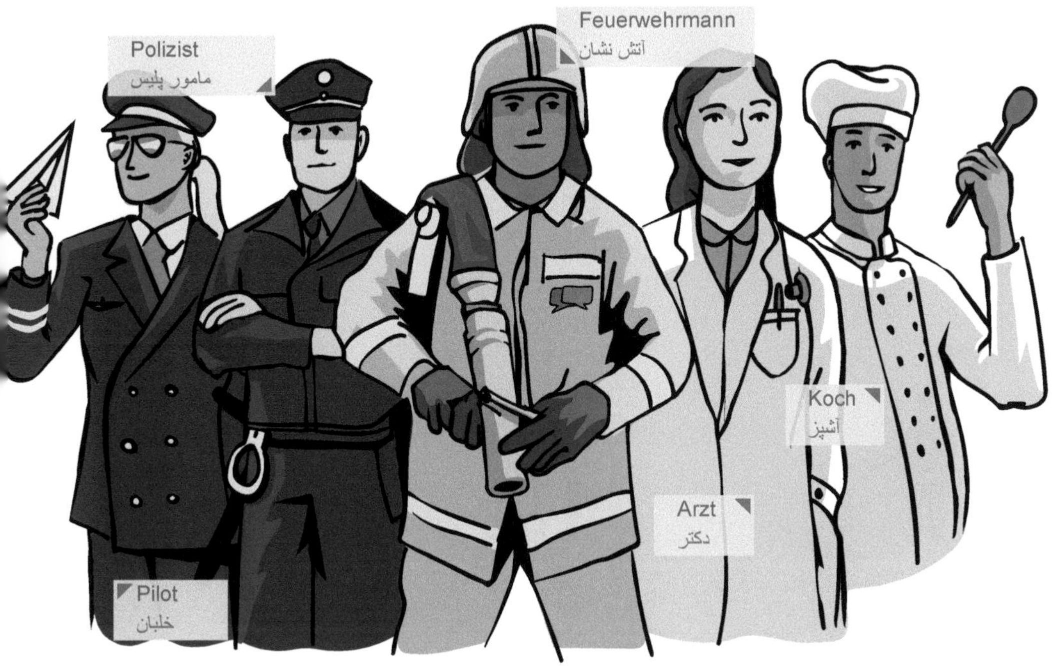
Polizist
مامور پلیس
Feuerwehrmann
آتش نشان
Koch
آشپز
Arzt
دکتر
Pilot
خلبان

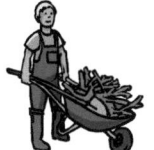

Gärtner
باغبان

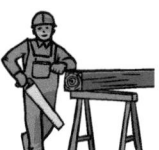

Tischler
نجار

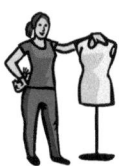

Näherin
خیاط زنانه

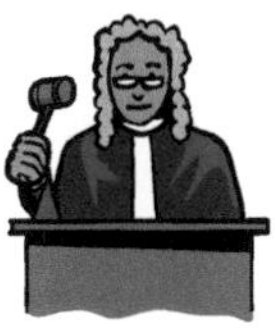

Richter
قاضی

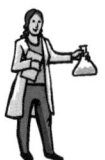

Chemiker
شیمیدان

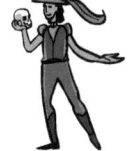

Schauspieler
بازیگر

Busfahrer

راننده اتوبوس

Taxifahrer

راننده تاکسی

Fischer

ماهیگیر

Putzfrau

نظافتچی زن

Dachdecker

سقف ساز

Kellner

پیشخدمت رستوران

Jäger

شکارچی

Maler

نقاش

Bäcker

نانوا

Elektriker

برقکار

Bauarbeiter

کارگر ساختمانی

Ingenieur

مهندس

Schlachter

قصاب

Klempner

لوله کش

Postbote

پستچی

Soldat

سرباز

Architekt

معمار

Kassierer

صندوقدار

Florist

گل فروش

Friseur

آرایشگر

Schaffner

مامور کنترل بلیط در قطار

Mechaniker

مکانیک

Kapitän

ناخدا

Zahnarzt

دندانپزشک

Wissenschaftler

دانشمند

Rabbi

عالم یهودی

Imam

امام

Mönch

راهب

Geistlicher

کشیش

Werkzeuge
ابزارآلات

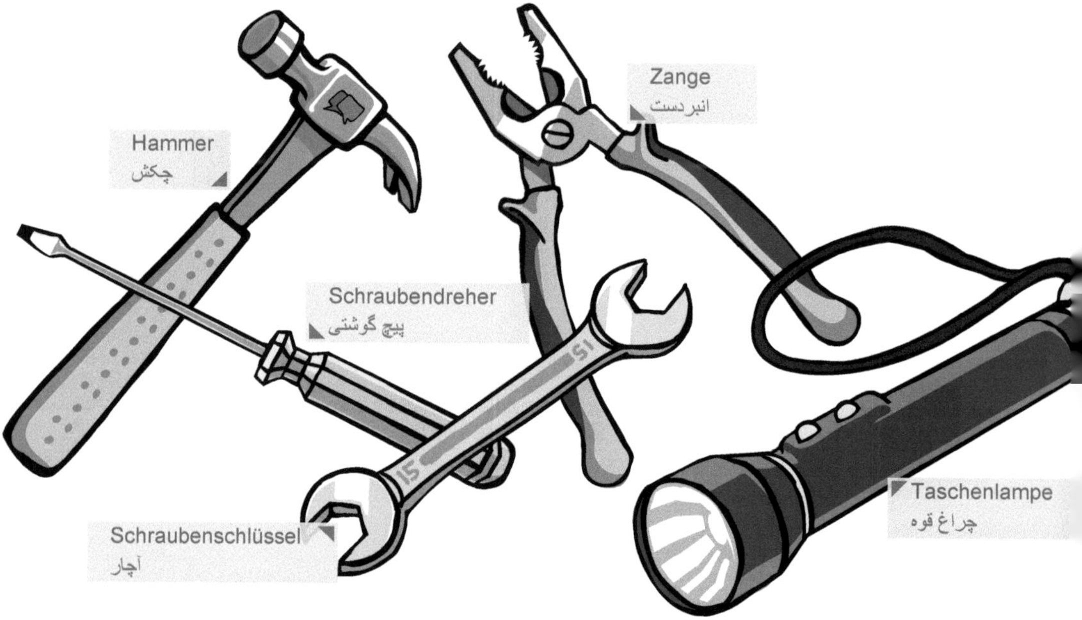

Zange
انبردست
Hammer
چکش
Schraubendreher
پیچ گوشتی
Taschenlampe
چراغ قوه
Schraubenschlüssel
آچار

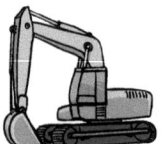

Bagger

بیل مکانیکی

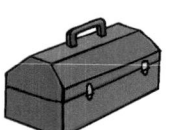

Werkzeugkasten

جعبه ابزار

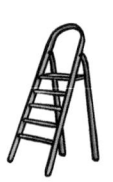

Leiter

نردبان

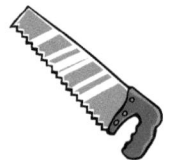

Säge

ارّه

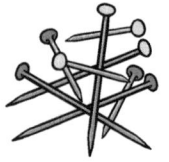

Nägel

میخ

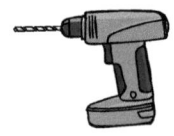

Bohrer

مته

reparieren

تعمیر کردن

Schaufel

بیل

Mist!

لعنتی!

Kehrblech

خاک انداز

Farbtopf

سطل رنگرزی

Schrauben

پیچ

Musikinstrumente

آلات موسیقی

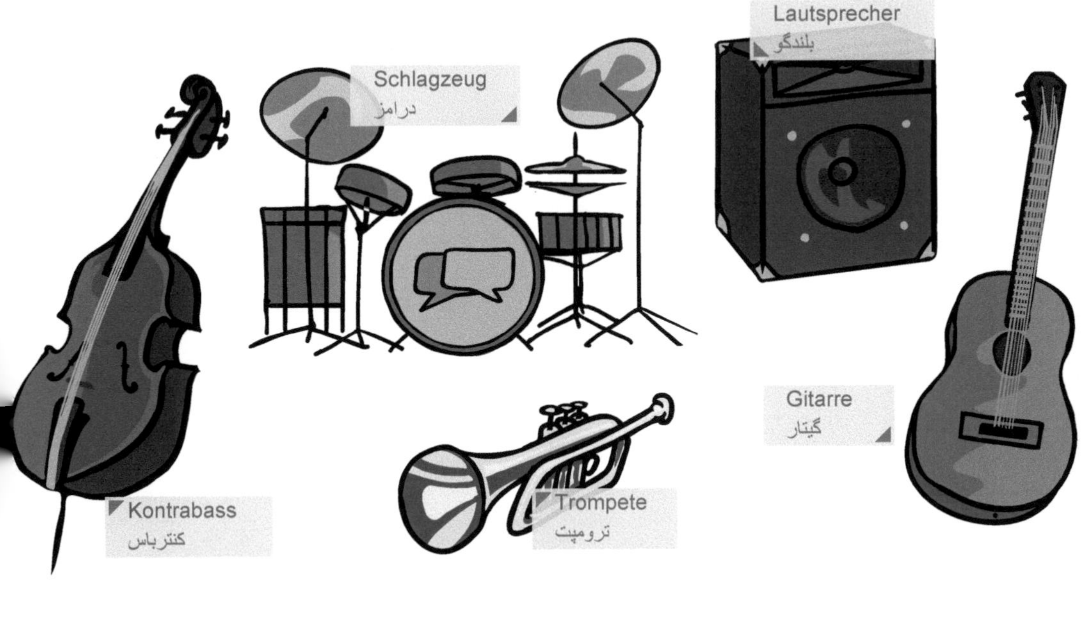

Lautsprecher
بلندگو

Schlagzeug
درامز

Kontrabass
کنترباس

Trompete
ترومپت

Gitarre
گیتار

Klavier

پیانو

Violine

ویولن

Bass

گیتار بیس

Pauke

تیمپانی

Trommeln

طبل

Keyboard

کیبورد الکتریک

Saxophon

ساکسیفون

Flöte

فلوت

Mikrofon

میکروفون

Zoo
باغ وحش

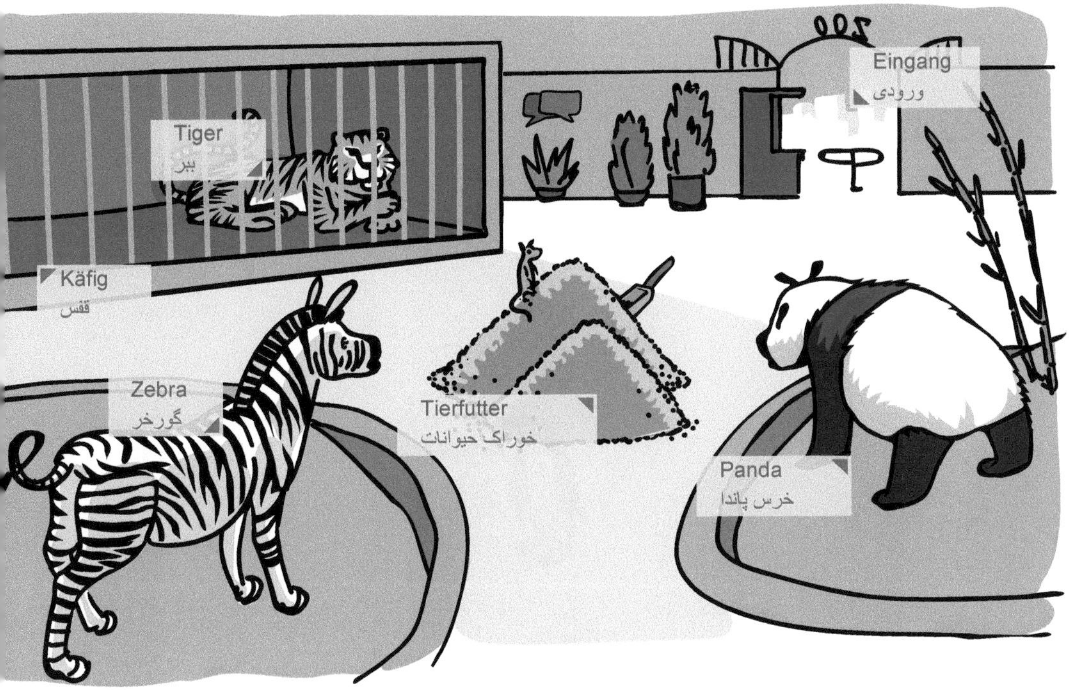

Eingang
ورودی
Tiger
ببر
Käfig
قفس
Zebra
گورخر
Tierfutter
خوراک حیوانات
Panda
خرس پاندا

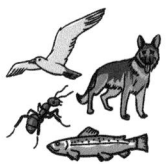

Tiere
حیوانات

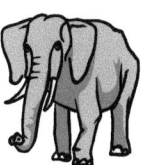

Elefant
فیل

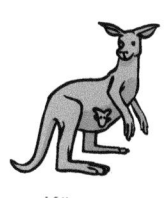

Känguru
کانگورو

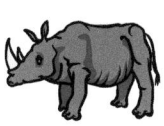

Nashorn
کرگدن

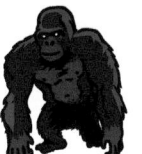

Gorilla
گوریل

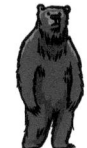

Bär
خرس

Kamel

شتر

Strauß

شترمرغ

Löwe

شیر

Affe

میمون

Flamingo

فلامینگو

Papagei

طوطی

Eisbär

خرس قطبی

Pinguin

پنگوئن

Hai

کوسه

Pfau

طاووس

Schlange

مار

Krokodil

تمساح

Zoowärter

نگهبان باغ وحش

Robbe

خوک آبی

Jaguar

پلنگ امریکایی

Pony

اسب کوچک

Leopard

پلنگ

Nilpferd

اسب آبی

Giraffe

زرافه

Adler

عقاب

Wildschwein

گراز

Fisch

ماهی

Schildkröte

لاک پشت

Walross

شیرماهی

Fuchs

روباه

Gazelle

غزال

American Football
فوتبال آمریکایی

Radfahren
دوچرخه سواری

Tennis
تنیس

Basketball
بسکتبال

Schwimmen
شنا

Eishockey
هاکی روی یخ

Boxen
بوکس

Fußball

فوتبال

Badminton

بدمینتون

Leichtathletik

دوومیدانی

Handball

هندبال

Skilaufen

اسکی

Polo

پولو

Aktivitäten
فعالیت ها

springen
پریدن
umarmen
بغل کردن
lachen
خندیدن
gehen
راه رفتن
singen
آواز خواندن
träumen
رؤیا دیدن
beten
دعا کردن
küssen
بوسیدن

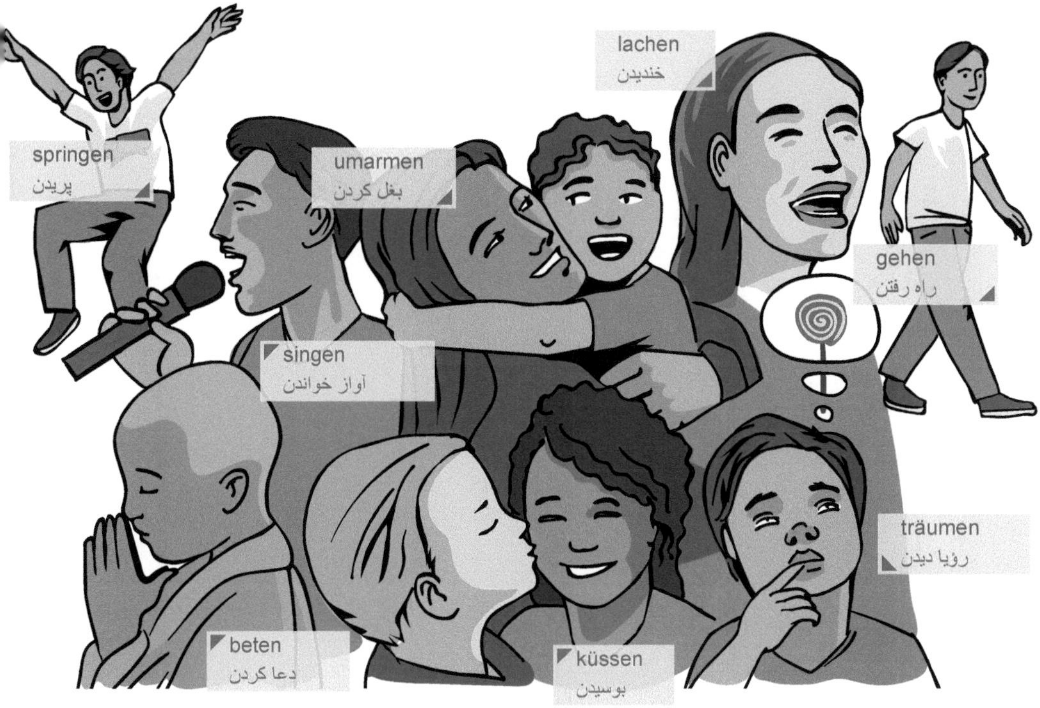

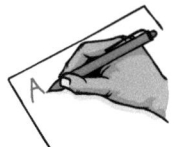

schreiben
نوشتن

zeichnen
رسم کردن

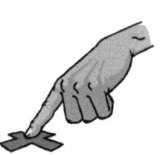

zeigen
نشان دادن

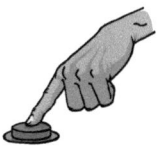

drücken
هل دادن

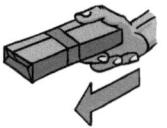

geben
دادن

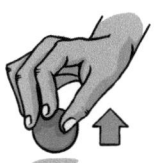

nehmen
برداشتن

haben

داشتن

tun

انجام دادن

sein

بودن

stehen

ایستادن

laufen

دویدن

ziehen

کشیدن

werfen

پرتاب کردن

fallen

افتادن

liegen

دراز کشیدن

warten

منتظر بودن

tragen

حمل کردن

sitzen

نشستن

anziehen

لباس پوشیدن

schlafen

خوابیدن

aufwachen

بیدار شدن

ansehen

تماشا کردن

weinen

گریه کردن

streicheln

نوازش کردن

kämmen

شانه کردن

reden

حرف زدن

verstehen

فهمیدن

fragen

پرسیدن

hören

شنیدن

trinken

آشامیدن

essen

خوردن

aufräumen

مرتب کردن

lieben

عاشق بودن

kochen

پختن

fahren

رانندگی کردن

fliegen

پرواز کردن

segeln

قایقرانی کردن

rechnen

محاسبه کردن

lesen

خواندن

lernen

یاد گرفتن

arbeiten

کار کردن

heiraten

ازدواج کردن

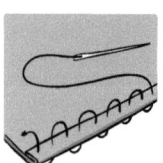

nähen

دوختن

Zähne putzen

مسواک زدن

töten

کشتن

rauchen

سیگار کشیدن

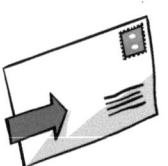

senden

فرستادن

Familie
خانواده

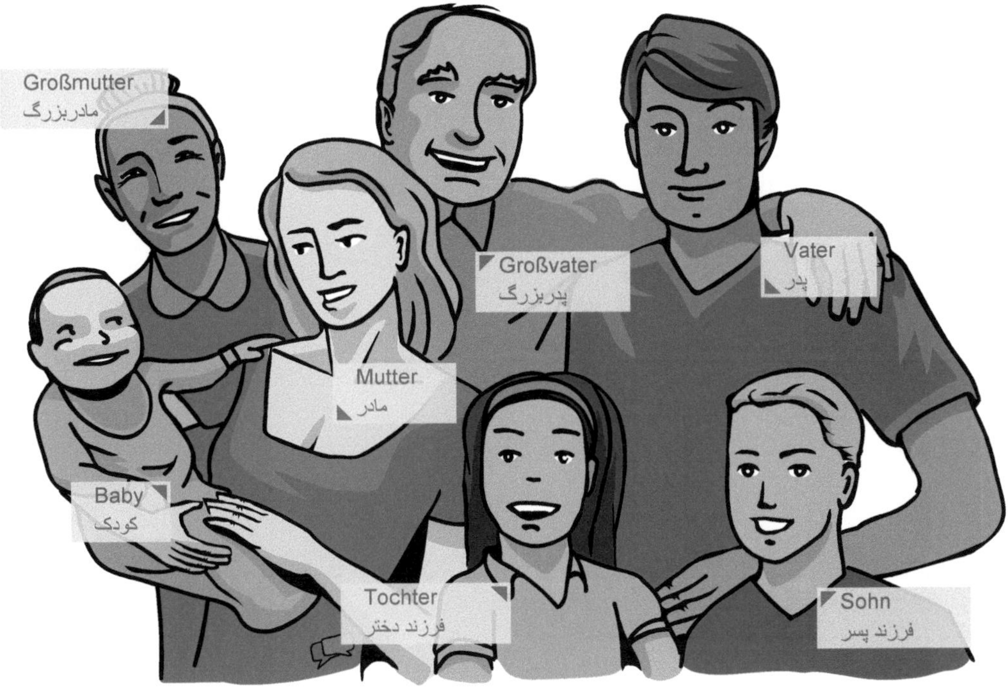

Großmutter
مادربزرگ
Großvater
پدربزرگ
Vater
پدر
Mutter
مادر
Baby
کودک
Tochter
فرزند دختر
Sohn
فرزند پسر

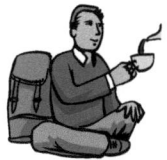

Gast
مهمان

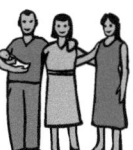

Tante
خاله، عمه

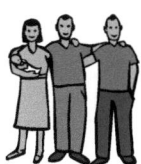

Onkel
دایی، عمو

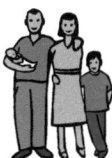

Bruder
برادر

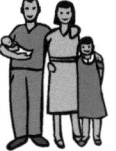

Schwester
خواهر

Körper

بدن

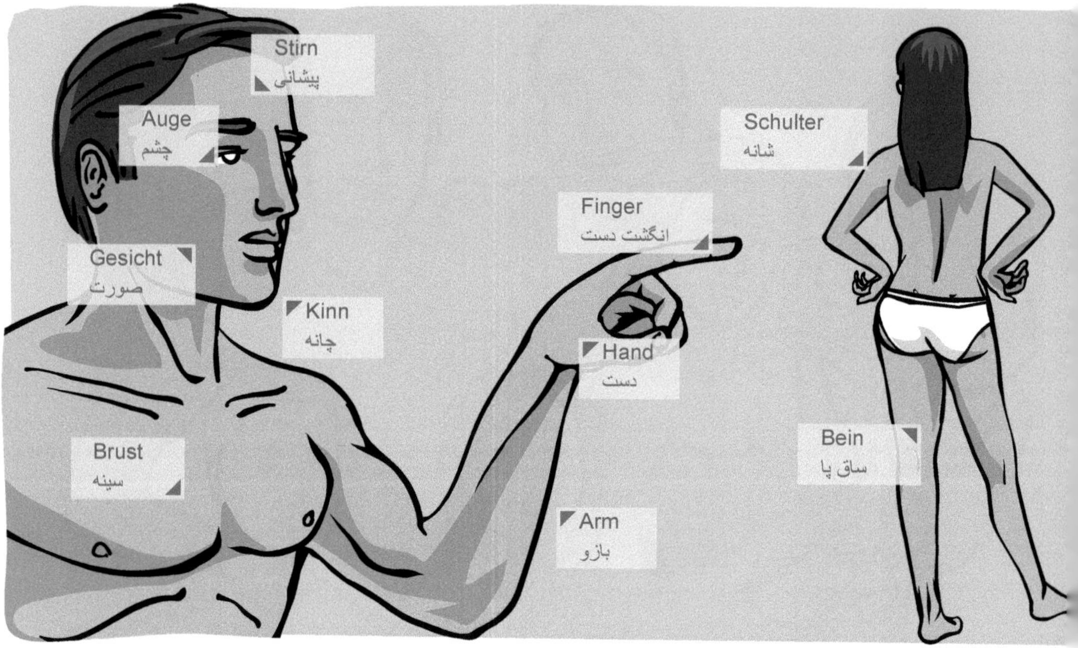
Stirn
پیشانی
Auge
چشم
Schulter
شانه
Finger
انگشت دست
Gesicht
صورت
Kinn
چانه
Hand
دست
Bein
ساق پا
Brust
سینه
Arm
بازو

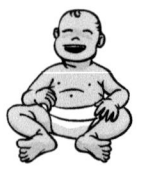

Baby

کودک

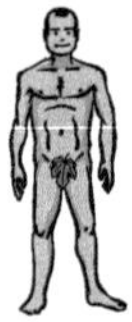

Mann

مرد

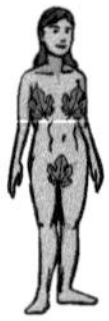

Frau

زن

Mädchen

دخترجه

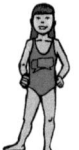

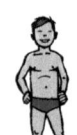

Junge

پسربچه

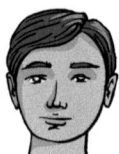

Kopf

کله

Rücken

کمر

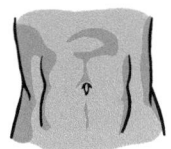

Bauch

شکم

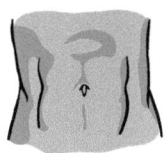

Nabel

ناف

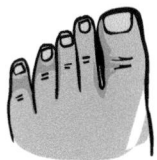

Zeh

انگشت پا

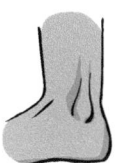

Ferse

پاشنه

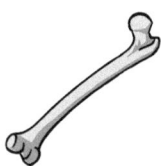

Knochen

استخوان

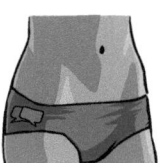

Hüfte

لگن

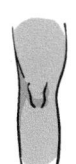

Knie

زانو

Ellenbogen

آرنج

Nase

بینی

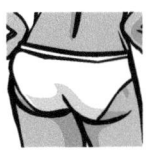

Gesäß

نشیمنگاه

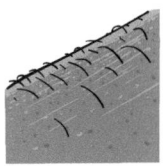

Haut

پوست

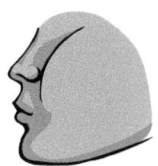

Wange

گونه

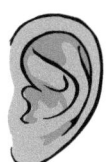

Ohr

گوش

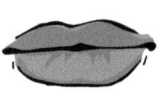

Lippe

لب

Mund

دهان

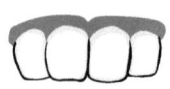

Zahn

دندان

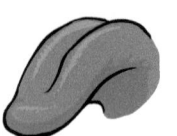

Zunge

زبان

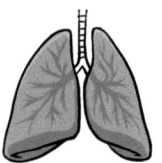

Gehirn

مغز

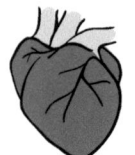

Herz

قلب

Muskel

عضله

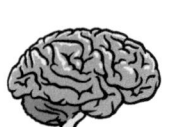

Lunge

ریه

Leber

کبد

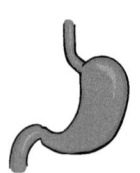

Magen

معده

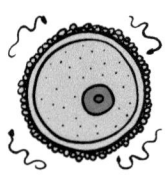

Nieren

کلیه

Geschlechtsverkehr

آمیزش جنسی

Kondom

کاندوم

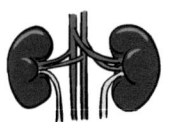

Eizelle

تخمک

Sperma

اسپرم

Schwangerschaft

حاملگی

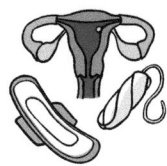

Menstruation

پریود

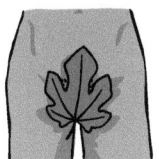

Vagina

واژن

Penis

آلت تناسلی مرد

Augenbraue

ابرو

Haar

مو

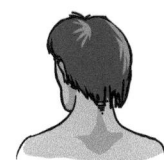

Hals

گردن

Krankenhaus

بیمارستان

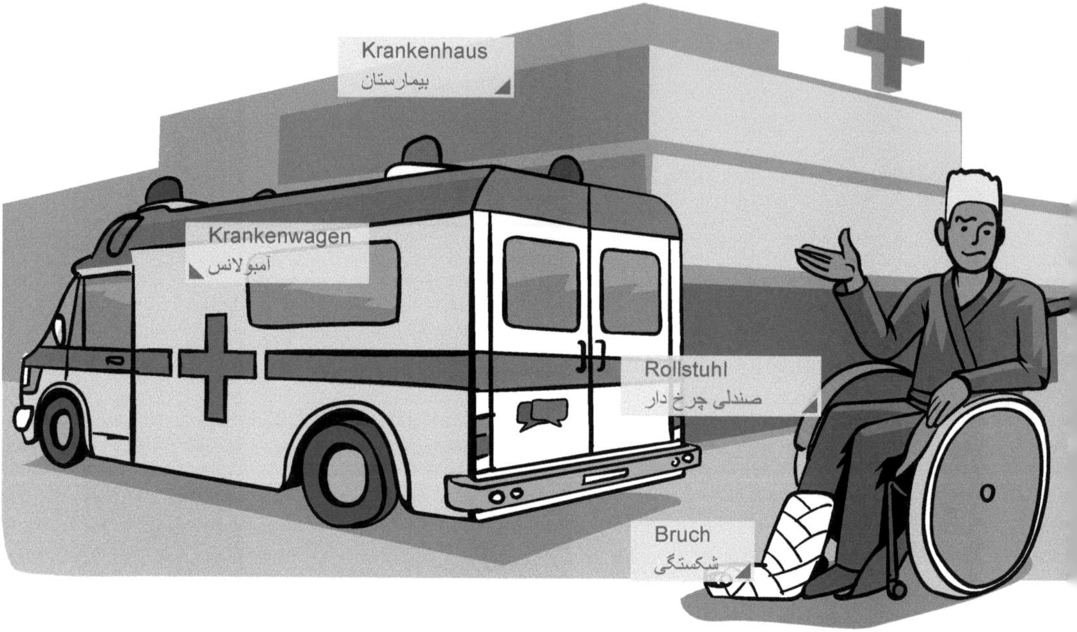

Krankenhaus
بیمارستان
Krankenwagen
آمبولانس
Rollstuhl
صندلی چرخ دار
Bruch
شکستگی

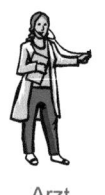

Arzt

دکتر

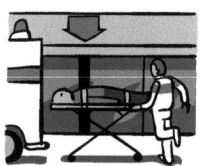

Notaufnahme

بخش اورژانس

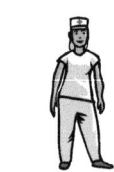

Krankenschwester

پرستار

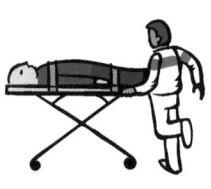

Notfall

موقعیت اضطراری

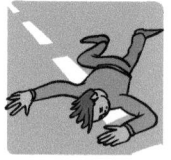

ohnmächtig

بی هوش

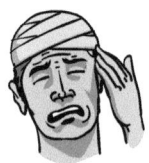

Schmerz

درد

Verletzung

مصدومیت

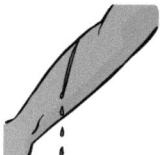

Blutung

خونریزی

Herzinfarkt

سکته قلبی

Schlaganfall

سکته مغزی

Allergie

آلرژی

Husten

سرفه

Fieber

تب

Grippe

آنفولانزا

Durchfall

اسهال

Kopfschmerzen

سردرد

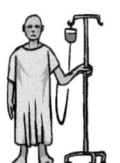

Krebs

سرطان

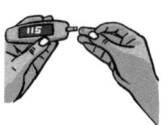

Diabetis

دیابت

Chirurg

جراح

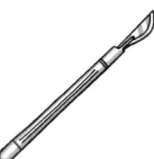

Skalpell

چاقوی جراحی

Operation

عمل جراحی

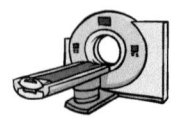

CT

سی تی اسکن

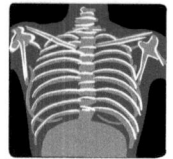

Röntgen

پرتونگاری

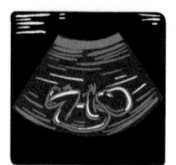

Ultraschall

سونوگرافی

Maske

ماسک صورت

Krankheit

بیماری

Wartezimmer

اتاق انتظار

Krücke

چوب زیر بغل

Pflaster

چسب زخم

Verband

پانسمان

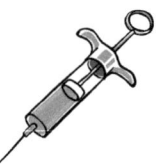

Injektion

تزریق

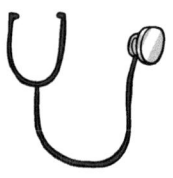

Stethoskop

گوشی طبی

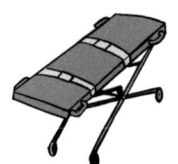

Trage

برانکار

Thermometer

دماسنج

Geburt

زایش

Übergewicht

اضافه وزن

Hörgerät

سمعک

Desinfektionsmittel

ماده ضد غفونی کننده

Infektion

عفونت

Virus

ویروس

HIV / AIDS

اچ آی وی / ایدز

Medizin

دارو

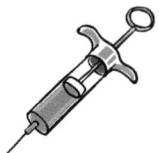

Impfung

واکسیناسیون

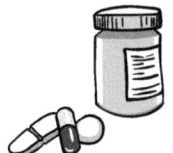

Tabletten

قرص

Pille

قرص ضد حاملگی

Notruf

تماس اظطراری

Blutdruck-Messgerät

دستگاه اندازه گیری فشارخون

krank / gesund

مریض / سالم

Hilfe!

کمک!

Alarm

آژیر خطر

Überfall

حمله

Angriff

حمله ی فیزیکی

Gefahr

خطر

Notausgang

خروج اظطراری

Feuer!

آتش

Feuerlöscher

کپسول آتش‌نشانی

Unfall

تصادف

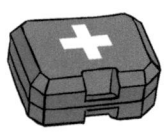

Erste-Hilfe-Koffer

جعبه کمک های اولیه

SOS

درخواست کمک

Polizei

پلیس

Europa

اروپا

Nordamerika

آمریکای شمالی

Südamerika

آمریکای جنوبی

Afrika

آفریقا

Asien

آسیا

Australien

استرالیا

Atlantik

اقیا نوس اطلس

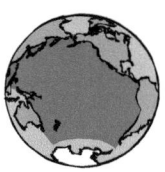

Pazifik

اقیانوس آرام

Indischer Ozean

اقیانوس هند

Antarktischer Ozean

اقیا نوس اطلس جنوبی

Arktischer Ozean

اقیانوس منجمد شمالی

Nordpol

قطب شمال

Südpol

قطب جنوب

Antarktis

قاره قطب جنوب

Erde

کره زمین

Land

سرزمین

Meer

دریا

Insel

جزیره

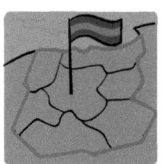

Nation

ملت

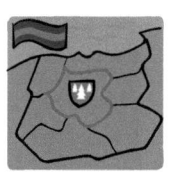

Staat

کشور

Zifferblatt

صفحه ی ساعت

Stundenzeiger

ساعت شمار

Minutenzeiger

دقیقه شمار

Sekundenzeiger

ثانیه شمار

Wie spät ist es?

ساعت چند است؟

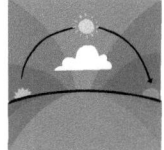

Tag

روز

Zeit

زمان

jetzt

اکنون

Digitaluhr

ساعت دیجیتال

Minute

دقیقه

Stunde

ساعت

Woche

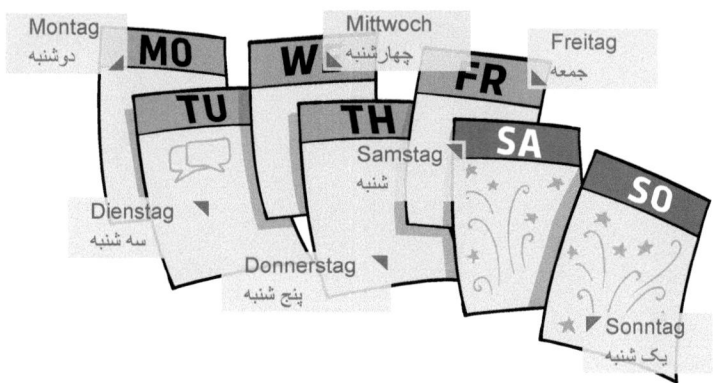

Montag
دوشنبه

Dienstag
سه شنبه

Mittwoch
چهارشنبه

Donnerstag
پنج شنبه

Freitag
جمعه

Samstag
شنبه

Sonntag
یک شنبه

gestern

دیروز

heute

امروز

morgen

فردا

Morgen

صبح

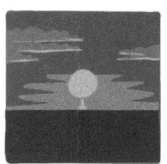

Mittag

ظهر

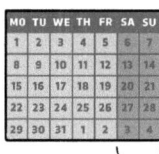

Abend

غروب

MO	TU	WE	TH	FR	SA	SU
1	2	3	4	5	6	7
8	9	10	11	12	13	14
15	16	17	18	19	20	21
22	23	24	25	26	27	28
29	30	31	1	2	3	4

Arbeitstage

روزهای کاری

MO	TU	WE	TH	FR	SA	SU
1	2	3	4	5	6	7
8	9	10	11	12	13	14
15	16	17	18	19	20	21
22	23	24	25	26	27	28
29	30	31	1	2	3	4

Wochenende

آخر هفته

Jahr

سال

Regen
باران
Regenbogen
رنگین کمان
Wind
باد
Schnee
برف
Frühling
بهار
Sommer
تابستان
Herbst
پاییز
Winter
زمستان

4.APRIL 11°
5.APRIL 4°
6.APRIL 13°
7.APRIL 8°
8.APRIL 10°

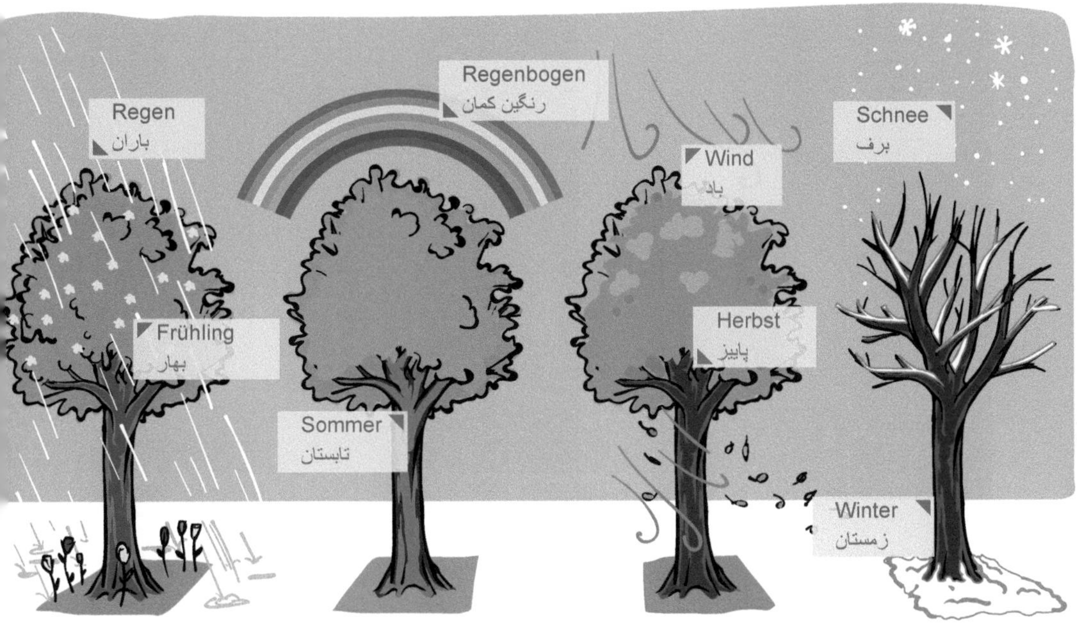

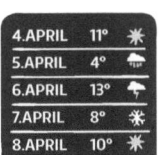

Wettervorhersage
پیش‌بینی اوضاع جوی

F C
120 40
90 30
60 20
30 10
0 0
-30 -10
-20

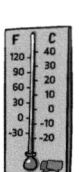

Thermometer
دماسنج

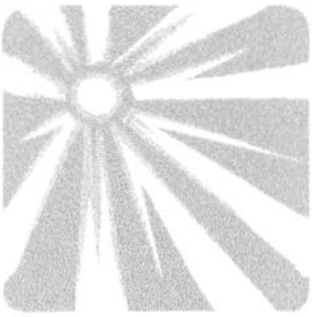

Sonnenschein
تابش آفتاب

Wolke
ابر

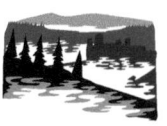

Nebel
مِه

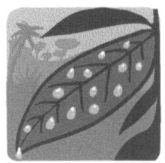

Luftfeuchtigkeit
رطوبت هوا

Blitz

صاعقه

Donner

آسمان غره

Sturm

طوفان

Hagel

تگرگ

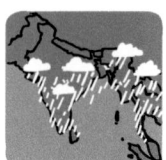

Monsun

باد موسمی

Flut

سیل

Eis

یخ

Januar

ژانویه

Februar

فوریه

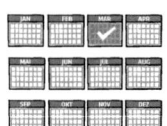

März

مارس

April

آوریل

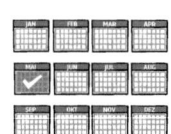

Mai

مه

Juni

ژوئن

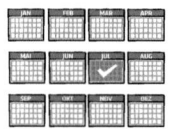

Juli

ژوئیه

August

اگوست

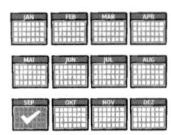

September
سپتامبر

Oktober
اكتبر

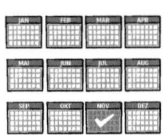

November
نوامبر

Dezember
دسامبر

Formen

أشكال

Kreis
دايره

Quadrat
مربع

Rechteck
مستطيل

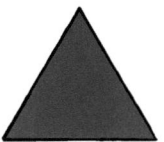

Dreieck
سه گوش

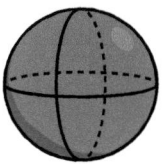

Kugel
گره

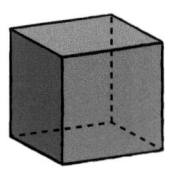

Würfel
مكعب مربع

weiß

سفید

gelb

زرد

orange

نارنجی

pink

صورتی

rot

قرمز

lila

بنفش

blau

آبی

grün

سبز

braun

قهوه ای

grau

خاکستری

schwarz

سیاه

viel / wenig

خیلی / کم

wütend / friedlich

خشمگین/ آرام

hübsch / hässlich

زیبا / زشت

Anfang / Ende

شروع / پایان

groß / klein

بزرگ / کوچک

hell / dunkel

روشن / تیره

Bruder / Schwester

برادر / خواهر

sauber / schmutzig

تمیز / آلوده

vollständig / unvollständig

کامل / ناقص

Tag / Nacht

روز / شب

tot / lebendig

مرده / زنده

breit / schmal

پهن / باریک

genießbar / ungenießbar

قابل خوردن / غیر قابل خوردن

böse / freundlich

غضبناک / مهربان

aufgeregt / gelangweilt

هیجان زده / بی حوصله

dick / dünn

چاق / لاغر

zuerst / zuletzt

اولین / آخرین

Freund / Feind

دوست / دشمن

voll / leer

پر / خالی

hart / weich

سفت / نرم

schwer / leicht

سنگین / سبک

Hunger / Durst

گرسنگی / تشنگی

krank / gesund

مریض / سالم

illegal / legal

غیرقانونی / قانونی

intelligent / dumm

باهوش / خنگ

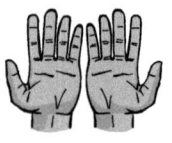

links / rechts

چپ / راست

nah / fern

نزدیک / دور

neu / gebraucht

نو / استفاده شده

nichts / etwas

هیچ چیز / چیزی

alt / jung

پیر / جوان

an / aus

روشن / خاموش

offen / geschlossen

باز / بسته

leise / laut

آهسته / بلند

reich / arm

ثروتمند / فقیر

richtig / falsch

درست / غلط

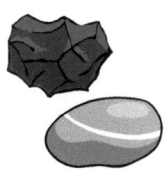

rau / glatt

زبر / صاف

traurig / glücklich

غمگین / خوشحال

kurz / lang

کوتاه / بلند

langsam / schnell

کند / تند

nass / trocken

تر / خشک

warm / kühl

گرم / خنک

Krieg / Frieden

جنگ / صلح

0	**1**	**2**
null	eins	zwei
صفر	یک	دو

3	**4**	**5**
drei	vier	fünf
سه	چهار	پنج

6	**7**	**8**
sechs	sieben	acht
شش	هفت	هشت

9	**10**	**11**
neun	zehn	elf
نه	دَه	یازده

12

zwölf

دوازده

13

dreizehn

سیزده

14

vierzehn

چهارده

15

fünfzehn

پانزده

16

sechzehn

شانزده

17

siebzehn

هفده

18

achtzehn

هجده

19

neunzehn

نوزده

20

zwanzig

بیست

100

hundert

صد

1.000

tausend

هزار

1.000.000

million

میلیون

Englisch

انگلیسی

Amerikanisches Englisch

انگلیسی آمریکایی

Chinesisch Mandarin

چینی ماندارین

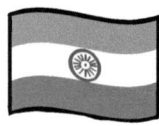

Hindi

هندی

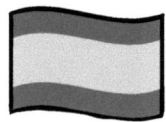

Spanisch

اسپانیایی

Französisch

فرانسوی

Arabisch

عربی

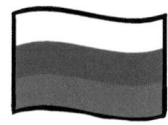

Russisch

روسی

Portugiesisch

پرتغالی

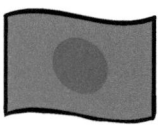

Bengalisch

بنگالی

Deutsch

آلمانی

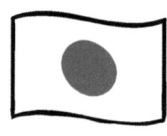

Japanisch

ژاپنی

ich

من

du

تو

er / sie / es

او

wir

ما

ihr

شما

sie

آنها

wer?

چه کسی؟ کی؟

was?

چی؟

wie?

چگونه؟

wo?

کجا؟

wann?

کی؟

Name

نام

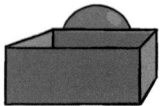

hinter

پشت

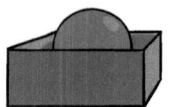

in

توی

vor

جلو

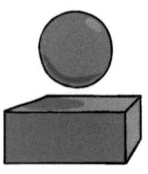

über

بالای

auf

روی

unter

زیر

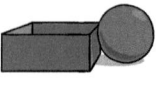

neben

مجاور

zwischen

بین

Ort

مکان